民國 36 年台灣省行憲
國民大會代表選舉之研究

李 南 海 著

文史哲出版社印行

國家圖書館出版品預行編目資料

民國 36 年台灣省行憲國民大會代表選舉之
研究 / 李南海著 --初版 -- 臺北市：文史哲，
民 99.12 頁； 公分

參考書目：頁
ISBN 978-957-549-945-7（平裝）

1. 憲法之施行及修改

573.5512   99026020

民國 36 年台灣省行憲
國民大會代表選舉之研究

著　　　者：李　　　南　　　海
出 版 者：文 史 哲 出 版 社
http://www.lapen.com.tw
e-mail:lapen@ms74.hinet.net
登記證字號：行政院新聞局版臺業字五三三七號
發 行 人：彭　　　正　　　雄
發 行 所：文 史 哲 出 版 社
印 刷 者：文 史 哲 出 版 社
臺北市羅斯福路一段七十二巷四號
郵政劃撥帳號：一六一八〇一七五
電話 886-2-23511028・傳真 886-2-23965656

實價新臺幣二〇〇元

中華民國九十九年（2010）十二月初版

序

　　《民國三十六年台灣省行憲國民大會代表選舉之研究》
一書是筆者繼去年（民國 98 年），博士論文《1947 年行憲
國民大會代表選舉之研究》之後續研究。此書是針對民國三
十六年台灣省行憲國民大會代表選舉之過程，以及選民如何
選出代表之情形，作一分析研究和探討。

　　多年以來，有關國民大會之制度、理論方面的研究專書
或論文多如牛毛，但是單就國民大會代表選舉方面的論著則
少之又少。因此筆者為填補此一不足之處，這些年來研究的
方向多偏向於此一主題之研究。先後完成《制憲國民大會代
表選舉之歷程》、《1947 年行憲國民大會代表選舉之研究》兩
本專書，和〈台灣省制憲國民大會代表之選舉〉、〈制憲時
期婦女爭取代表名額始末－以國民大會代表之選舉為例〉兩
篇論文，以及現今甫告完成的《民國三十六年台灣省行憲國
民大會代表選舉之研究》一書。

　　至於本書論述之重點，除了闡述行憲國大代表選舉之過
程，以及代表產生之經過外，最重要的一點就是針對當選代
表之性別、年齡、學歷、經歷等項分別加以分析和說明，並
與民國三十五年所選出之制憲代表作一比較，讓人們了解在

不同的時空情境下,所選出不同任務性質的代表,究竟有何差異。

　　由於台灣省在日本治理期間,長期受日本人的高壓統治,人民是無法從事任何政治活動的。因此,在抗戰勝利,台灣光復,重歸祖國懷抱後,人民渴望參與政治活動的期盼自是十分殷切。當台灣省行政長官公署於三十四年十二月二十六日公布「台灣省各級民意機關成立方案」後,地方人士均雀躍不已,因此申請參加公職候選人檢覈的極為踴躍,全省申請件數多達三萬餘宗。[1]

　　此外,就當時選舉情形而言,不論是地方性民意代表(如縣市參議員及省參議員)之選舉,或中央級民意代表(如國民參政員及制憲國大代表)的選舉,均屬間接式的選舉,並非由選民直接投票選出代表。唯獨此次行憲國大代表之選舉,是由選民直接行使投票權選出代表。因此,選民的反應十分熱烈,紛紛前往投票,使得各縣市投票率大為提高,就以新竹縣和台南縣而論,選民投票率竟高達 80%以上;而投票率達 70%～80%的更有 6 縣市之多。[2]由此可知,選民擁有直接選舉權,直覺自己受到信任和尊重,並視為是一種榮耀。

　　在此次選舉過程中,選民除了擁有直接選舉權,並熱烈參與選舉外,唯一感到遺憾的是部份候選人仍不免發生舞弊

---

1 李筱峯:《臺灣戰後初期的民意代表》(台北市:自立晚報社文化出版部,民國 76 年 6 月,3 版),頁 17。

2 內政部,中央選舉委員會編:《中華民國選舉統計提要(35 年～76 年)》(台北市:中央選舉委員會編印,民國 77 年 6 月),頁 15。

和糾紛之情事。是以，如何杜絕選舉之流弊，使得民主發展更爲健全，應該是當政者最應正視的課題。至於如何普及教育，提昇選民的民主素養，以及加強培養選民的法治觀念，也是任何執政當局不可忽視的問題。

在撰寫本論文期間，參考了國史館、中研院近史所、中國國民黨黨史館、南京中國第二歷史檔案館所典藏之原始檔案，以及相關書籍、論著、論文和期刊等。除了以上所參考之原始檔案和書籍、期刊外，有關選舉的資料，記載最爲詳實的，自屬當時所發行的報紙。因此筆者在撰寫本論文期間，也大量閱讀當時所發行的各家報紙，這對本論文的撰寫提供了許多寶貴的資料。

筆者才疏學淺，本論文有許多缺失之處，不成熟之論點仍需各位先進給予批評和指教。最後，仍要感謝上述各學術研究機構，在我閱讀和收集資料期間，所給予我的幫助。也要感謝文史哲出版社發行人彭正雄先生的鼎力相助，才使得本論文能夠順利出版。

李南海　謹誌於國立台北科技大學
2010 年 12 月 12 日

民國 36 年台灣省行憲國民大會
代表選舉之研究

目　　次

圖表目次

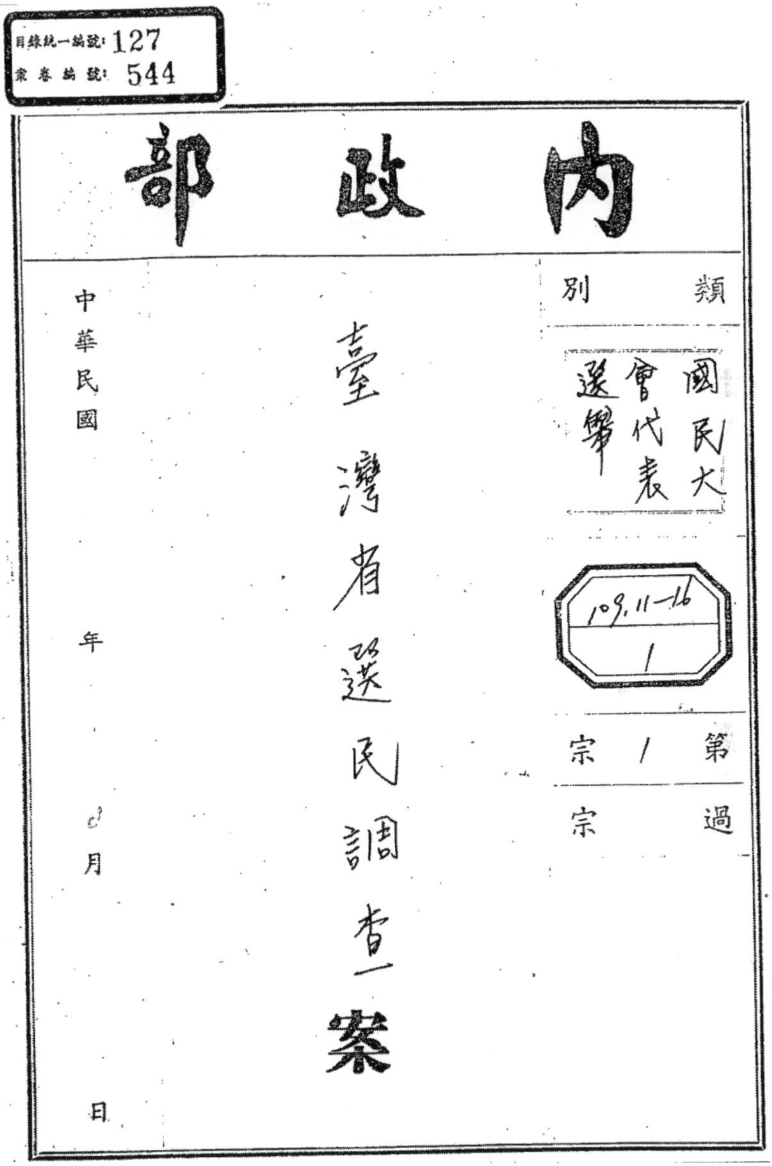

目錄統一編號：127
案卷編號：544

內　政　部

中華民國

臺灣省選民調查案

年

⊘月

日

類　別

國民大
會代表
選舉

109.11-16
1

第　過

宗 1

宗

圖一：〈台灣省選民調查案〉，《內政部檔案》，國史館藏，目錄號：127，
　　案卷號：544。

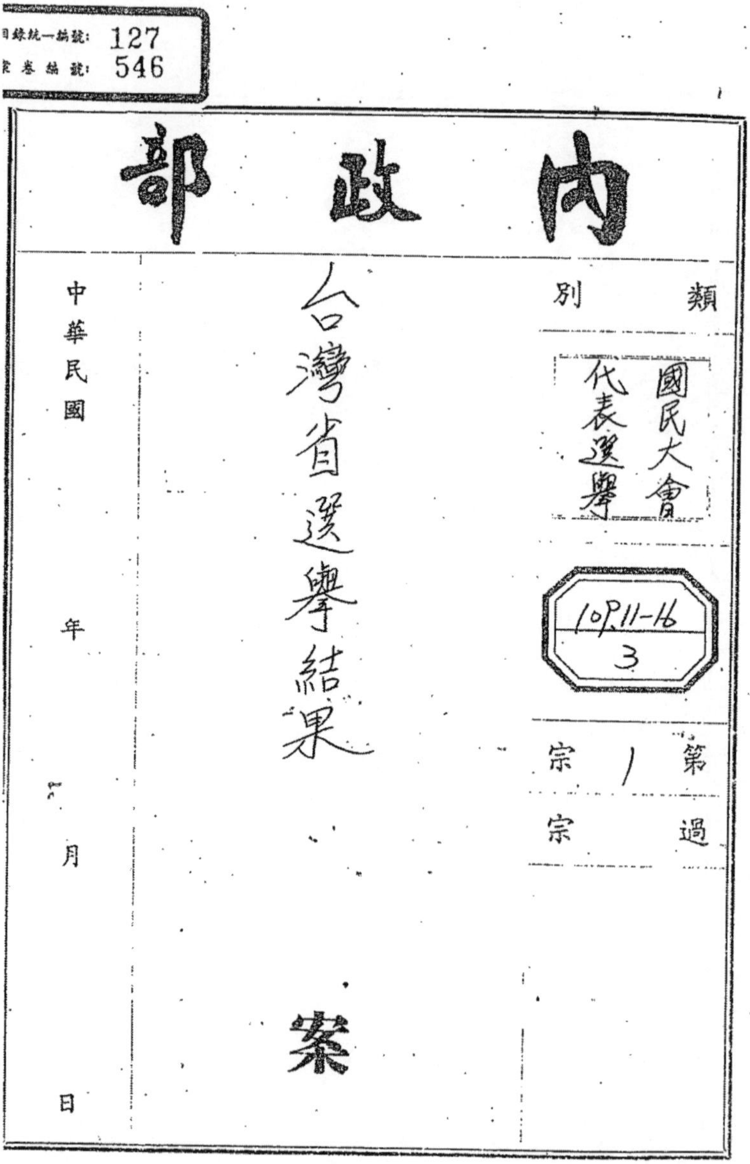

目錄統一編號：**127**
案卷編號：**546**

內　政　部

類　別

國民大會
代表選舉

10-11-16
3

第　一　宗

過　宗

中華民國

年

月

日

台灣省選舉結果案

圖二：〈台灣省選舉結果案〉，《內政部檔案》，國史館藏，目錄號：127，
　　　案卷號：546。

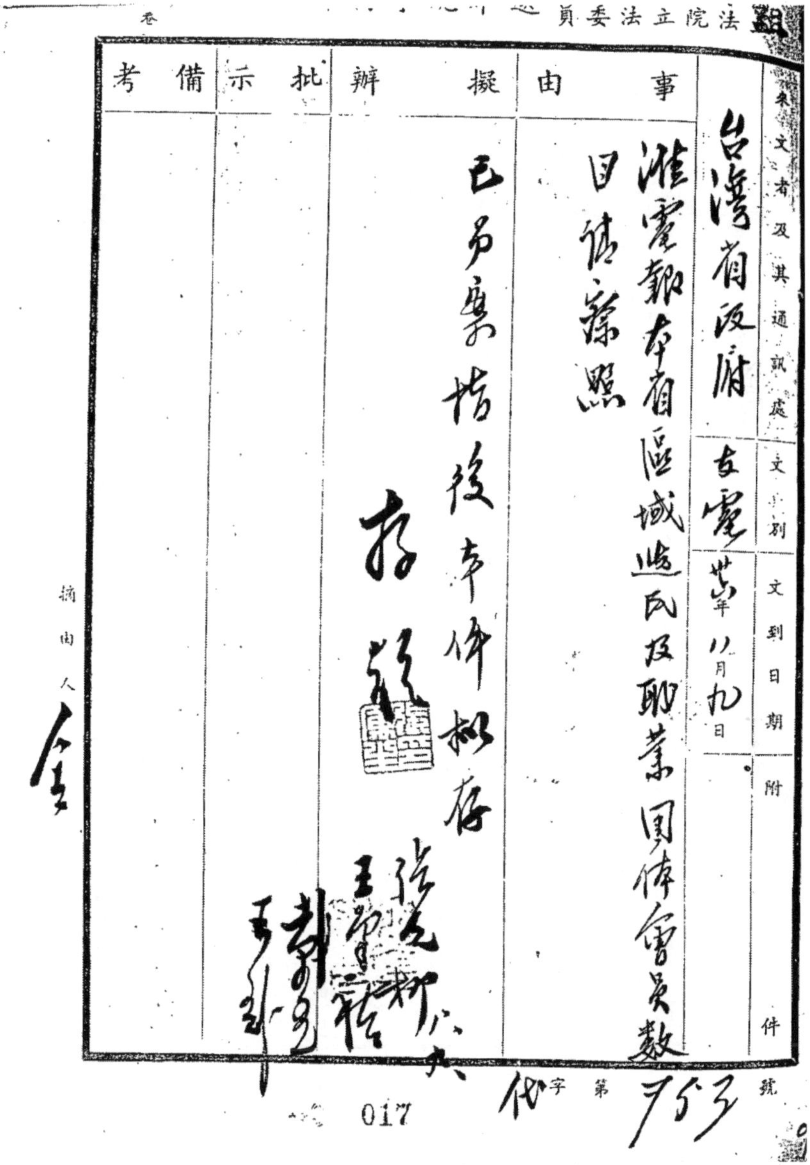

考備	示批	辦擬	由事

台灣省政府

去電　卅年十一月九日

准電報本省區域選民及職業團體會員數目請察照

正另彙辦後存併擬存

摘由人　金

017

（字第）　753　號

圖三：台灣省政府上電區域選民及職業團體會員數目電文。

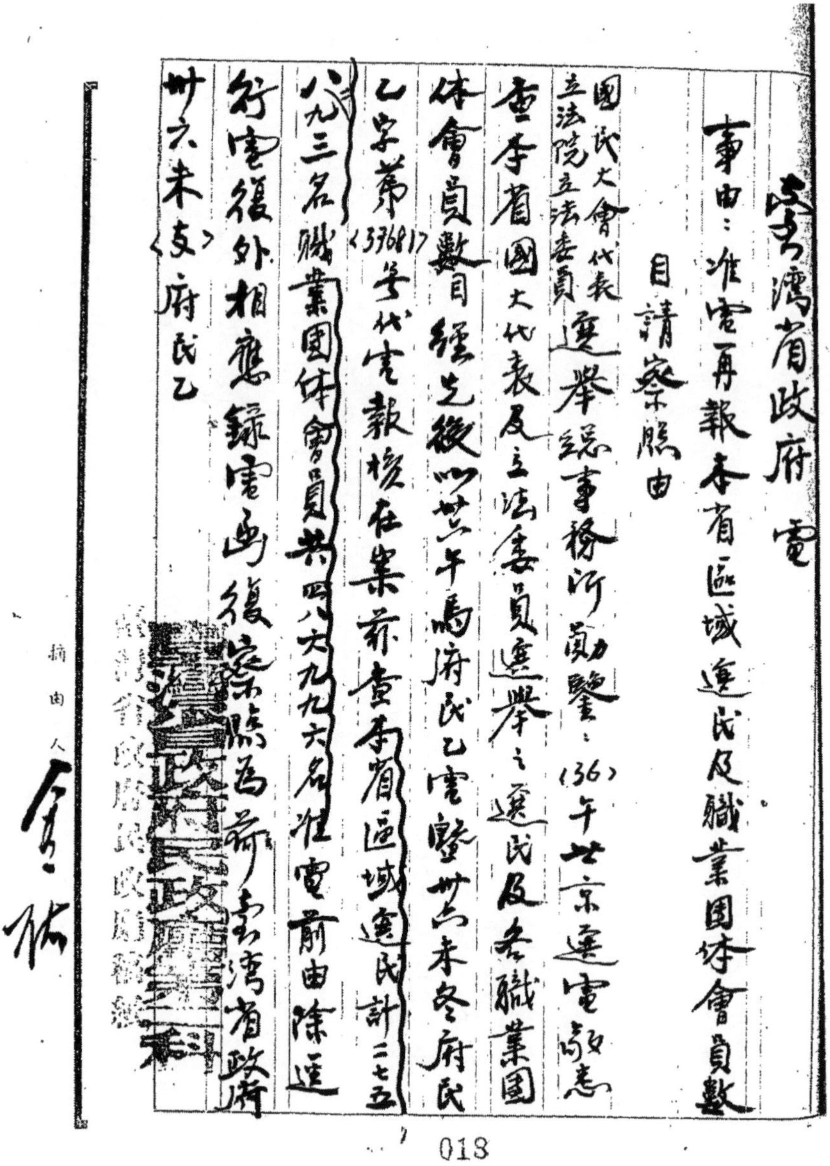
臺灣省政府 電

事由：准電再報本省區域選民及職業團体會員數

目請察照由

國民大會代表
立法院立法委員 選舉總事務所勛鑒：(36)午廿京選電敬悉

查本省國大代表及立法委員選舉之選民及各職業團

体會員數目經先後以卅六午馬府民乙電暨卅六未冬府民

乙字第(336817)號代電報核在案茲查本省區域選民計二七五

八九三名職業團体會員共四八六九九六名准電前由除逕

行電復外相應錄電函復察照為荷 臺灣省政府

卅六未(支)府民乙

摘由人

018

圖四：：台灣省政府上電區域選民及職業團體會員數目電文。

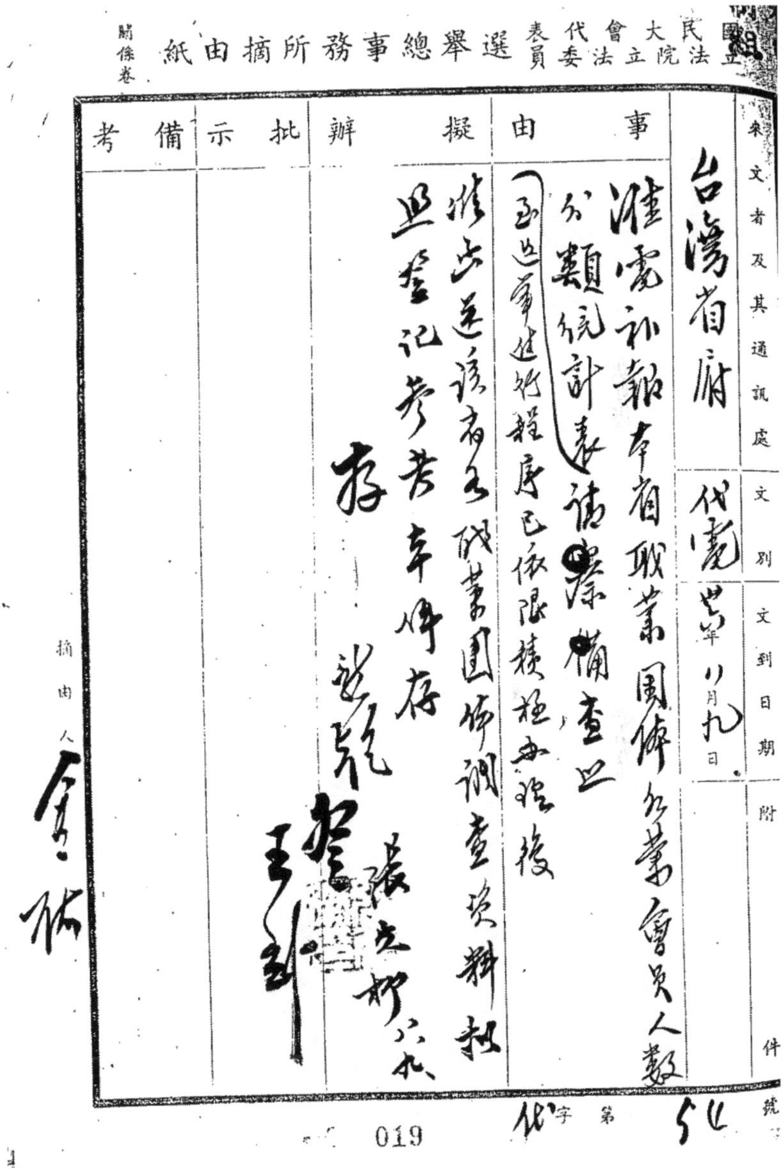

關係卷　紙由摘所務事總舉選　表代會大法立院法立　組立

考 備	示 批	辦 擬	由 事

台灣省府

（右欄：臺灣省文者及其通訊處　文別　文到日期　附　件　號）

代電　卅八年十一月九日

事由：准電補報本省職業團體各業會員人數分類統計表請察補查已

（正此）事進行程序已依限積極辦理後

擬辦：准此送請該府另代書團體調查資料辦理

並登記參考存

批示：存

代字第　5L

摘由人　會術

圖五：台灣省政府補報職業團體會員人數分類統計表電文。

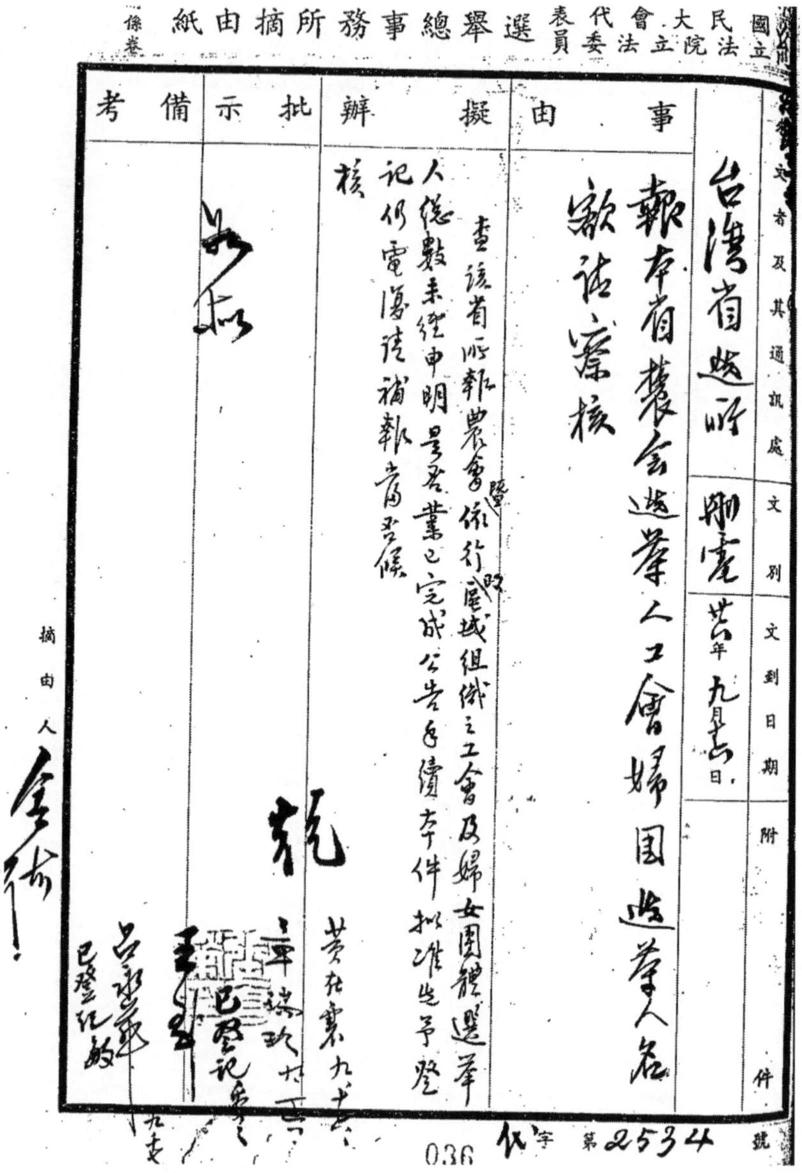

選舉總務事所摘由紙　卷係

事　由	擬　辦	批　示	備　考

事由：報本省農會選舉人工會婦團選舉人名敕諸審核

擬辦：查該省所報農會係依行政區域組織之工會及婦女團體選舉人總數未經申明是否業已完成公告手續本件擬准予登記仍電陽諸補報查照候核

文書者及其通訊處：台灣省選所

文別：聊電　卅六年九月十六日

附件

代字第2534號

036

圖六：台灣省選所上電農會工會婦女團體選舉人名額電文。

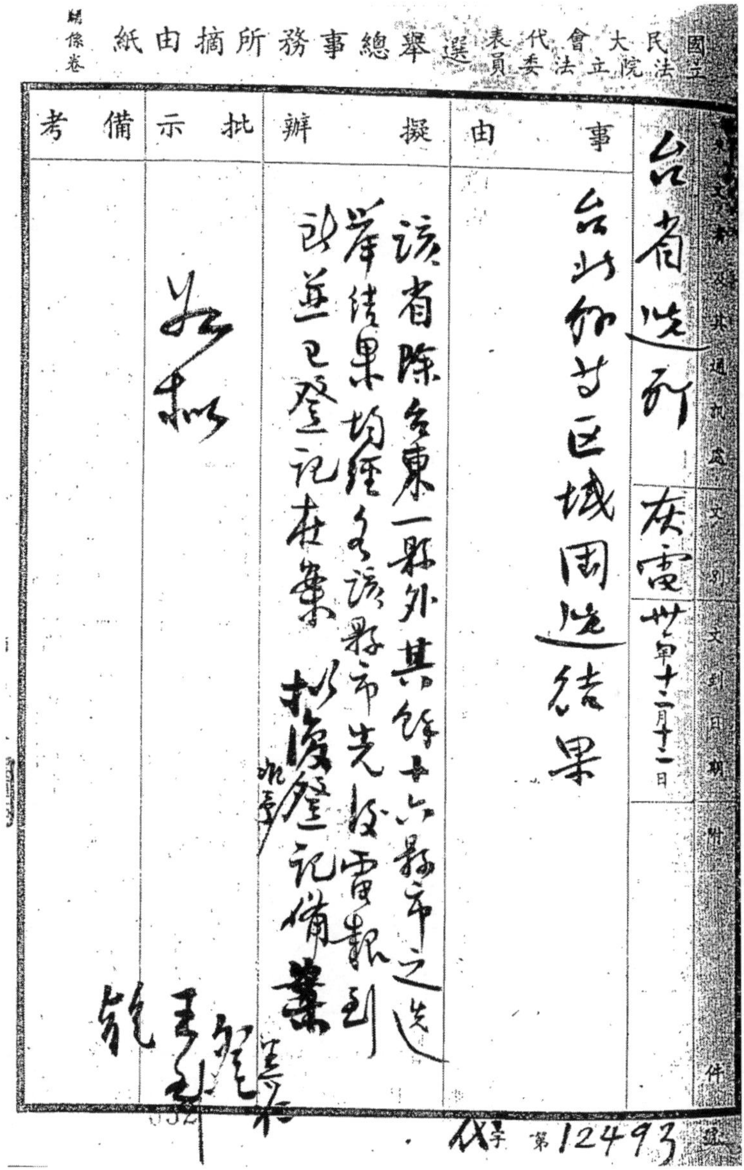

國立法院
立法委員
大會代表
選舉總事務所
摘由紙
關係卷

考備	示批	辦擬	由事

台省選所
來電卅四年十二月十二日

台北如丹區域團選結果

該省除台東一縣外其餘十六縣市之選舉結果均經由該群市先後電報到改並已登記在案　抄後登記備案

仪字　第12493

圖七：台灣省選所上電台北縣等15縣市區域選舉結果電文。

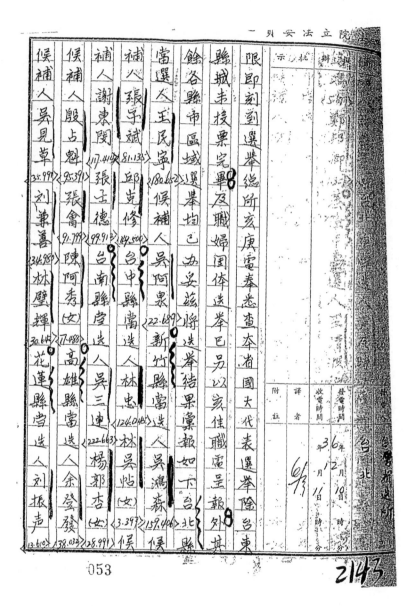

圖八：各縣市區域代表當選人姓名及得票數電文。

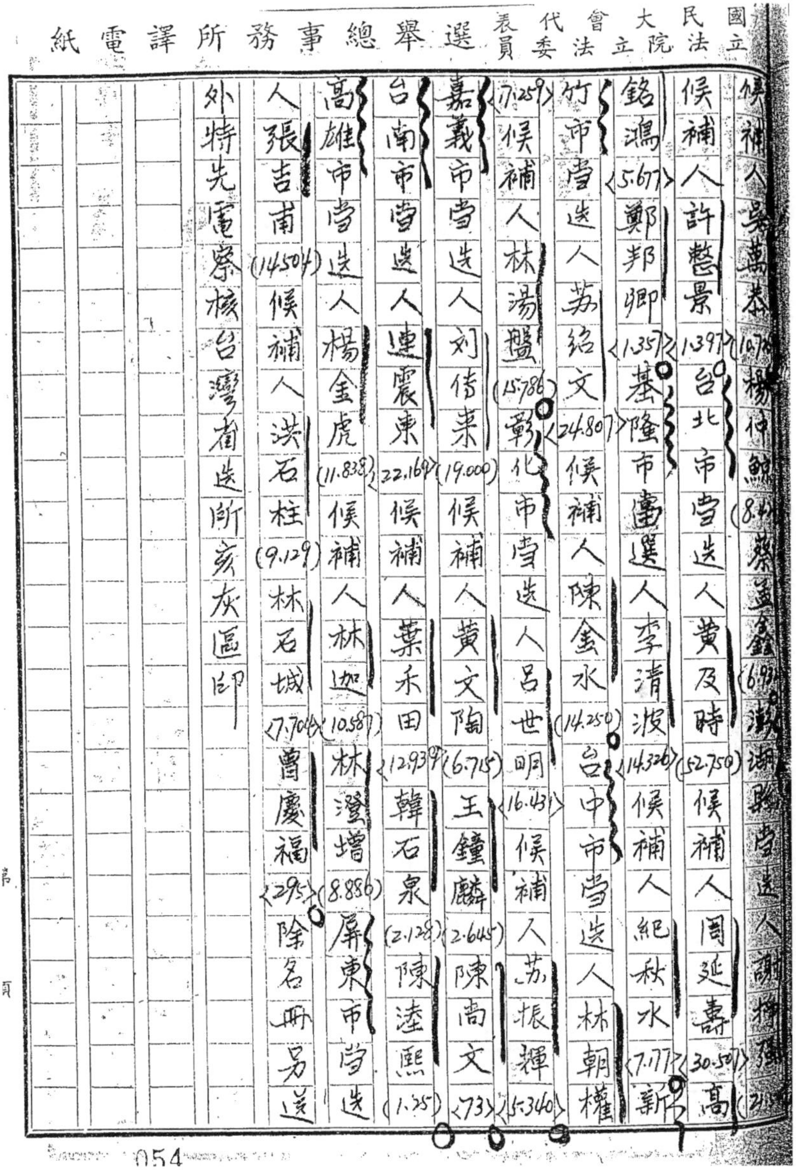

國民大會代表 立法院立法委員 選舉總事務所譯電紙

候補人吳萬來（10.7…）楊仲鯨（8.4…）蔡益鑫（6.9…）澎湖縣當選人謝掙強（21…）

候補人許整景（1.397）台北市當選人黃及時（52.750）候補人周延壽（30.501）高

銘鴻（5.677）鄭邦卿（1.357）基隆市當選人李清波（14.326）候補人紀秋水（7.77…）新

竹市當選人蘇紹文（24.807）候補人陳金水（14.250）台中市當選人林朝權

（7.259）候補人林湯盤（15.786）彰化市當選人呂世明（16.431）候補人蘇振輝（5.340）

嘉義市當選人劉傳來（19.000）候補人黃文陶（6.715）王鐘麟（2.645）陳尚文（73）

台南市當選人連震東（22.169）候補人葉禾田（12.939）韓石泉（2.128）陳逢熙（1.25）

高雄市當選人楊金虎（11.838）候補人林迦（10.587）林瀠增（8.886）屏東市當選

人張吉甫（14.504）候補人洪石柱（9.129）林石城（7.704）曾慶福（295）除名冊另送

外特先電察核台灣省選所亥灰區印

054

圖九：各縣市區域代表當選人姓名及得票數電文。

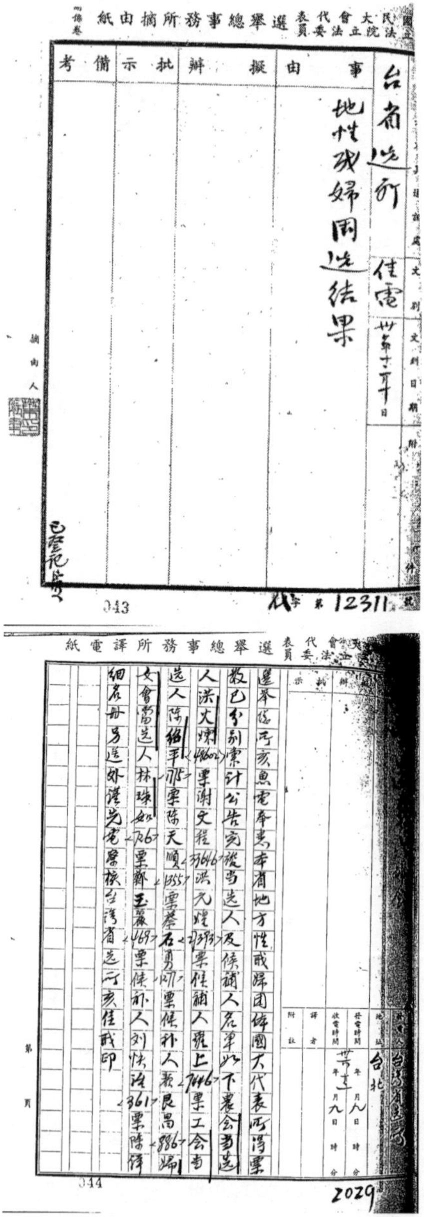

國民大會代表立法院立法委員選舉總事務所摘由紙

事由	擬辦	批示	備考
台省選所　佳電　卅六年十二月十日 地方性職婦團選結果			

字第12311號

國民大會代表立法委員選舉總事務所譯電紙

地址：台北　台灣省選所

發電時間：卅六年十二月八日　收電時間：卅六年十二月九日

選舉總所亥魚電奉悉本省地方性職婦團體國大代表所得票數已分別統計公告應當選人及候補人名單如下農會當選人洪火煉(48602)票謝文程(33616)洪元煌(23593)票候補人張上(7446)票工會當選人陳紹平(11705)票陳天順(13551)票蔡石勇(1071)票候補人黃良昌(886)票婦女會當選人林珠如(706)票鄭玉麗(469)票候補人劉快治(361)票除詳細名冊另送外謹先電覆核台灣省選所亥佳戌印

2029

圖十：台灣省選所上電地方性職婦團體選舉結果電文。

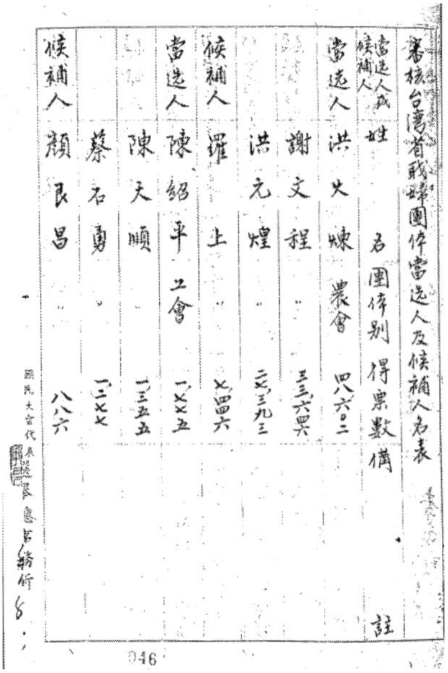

審核台灣省職婦團體當選人及候補人名表

當選人或候補人姓名　團體別　得票數　備註

當選人　洪火煉　陳農會　四六○二
當選人　謝文程　　　　　三三六四
候補人　洪元煌　　　　　二七三九三
候補人　羅上　　　　　　七四六
當選人　陳紹平　工會　　一××五
當選人　陳天順　　　　　一三五五
候補人　蔡石團　　　　　一二六×
候補人　顏良昌　　　　　八八六

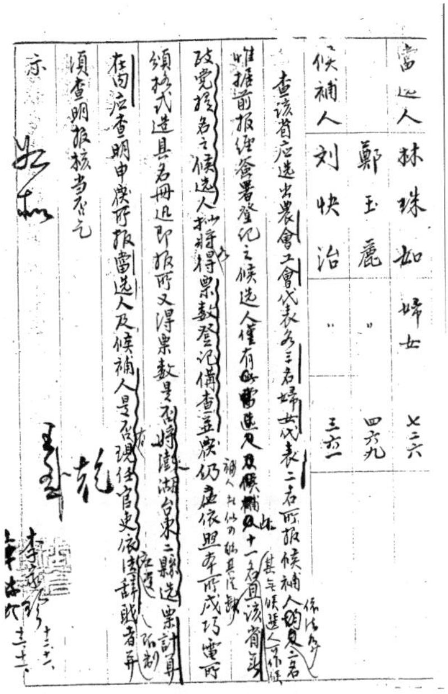

當選人　林珠如　婦女　　七二六
　　　　鄭玉麗　　　　　四六九
候補人　劉快治　　　　　三六一

圖十一：審核台灣省職婦團體當選人及候補人名表電文。

圖十二：《公論報》，台北，民國 36 年 11 月 21 日，第一版。

國代選舉今日開始

魏主席勉省民發揚民主風度

並偕朱縣長赴各投票所視察

要建築憲政大廈

就應該慎重選舉

圖十三：《公論報》，台北，民國 36 年 11 月 21 日，第三版。

走向民主政治大道

國代大選熱烈開始

選民踴躍投票秩序相當良好

本市第一日投票達百分之十一

婦女團體選舉時曾發生糾紛

縣市首長均往投票所巡視

各選民尚能發揮守法精神

鐵路客貨運價改訂

三等客票加一倍，快車照普通票加半倍。

地質學會今起出發考

圖十四：《公論報》，台北，民國 36 年 11 月 22 日，第三版。

圖十五：《公論報》，台北，民國 36 年 11 月 22 日，第一版。

圖十六：《公論報》，台北，民國36年11月23日，第三版。

圖十七：《公論報》，台北，民國 36 年 11 月 23 日，第三版。

圖十八：《中華日報》，台北，民國 36 年 11 月 21 日，第一版。

第一章　緒　論

中國自清末以來即積極推行憲政運動，先是光緒 34 年（1899）8 月 1 日公布「憲政大綱」和「九年籌備立憲之計畫」，揭開了憲政運動之序幕。

迨民國肇造，北方之北京政府或南方之護法政府，亦都進行制憲工作，先後有臨時約法、天壇憲草、袁氏約法、民八憲草、曹錕憲法等憲法的制定，以及南方護法政府制定的「軍政府組織大綱」。

民國 17 年（1928）12 月 29 日國民革命軍完成北伐，全國統一後，國民政府復於 20 年 6 月 1 日公布「中華民國訓政時期約法」，25 年 5 月 5 日公布「中華民國憲法草案」，並決定該年之 11 月 12 日召開國民大會，後因多數省分未能如期的選出代表，大會不得不延期舉行，其後復延期 5 次，直到 35 年 11 月 15 日政府乃排除萬難如期召開制憲國民大會，並於 35 年 12 月 25 日舉行第 20 次大會時，經三讀程序，通過中華民國憲法，並決議「民國 36 年 12 月 25 日為中華民國憲法實施日期」。[1]

---

1 秦孝儀主編：《實施憲政》（台北市：中央黨史委員會，民國 66 年 12 月 25 日出版），頁 368。

　　若依此次所制定的憲法規定，首屆國民大會代表，以及立、監委員必須於各有關選舉法公布後 6 個月內完成選舉工作。[2]此次所選出之行憲國民大會代表，其主要任務爲選舉總統和副總統，所以國民政府爲爭取時效，乃於 36 年 3 月 31 日頒布了有關國民大會之組織法、選舉罷免法等法案，積極展開各項選務工作，並訂定 11 月 21～23 日舉行第一屆行憲國民大會代表之選舉。台灣省政府也在中央之指示下，成立了選舉事務所，展開選舉之各項作業程序。

　　台灣省自抗戰勝利光復以後，雖於 35 年後陸續舉辦過縣市參議員、省參議員、國民參政員，以及制憲國民大會代表之選舉。但這些選舉均是間接選舉，並非由選民直接投票產生的。因此，行憲國民大會代表之選舉，可說是台灣有史以來第一次實施普選制，讓選民直接行使投票權，選出國大代表。本論文之重點，即在探討台灣省如何進行此次的選舉，以及此次的選舉帶給台灣省民那些重大的啓示，並且對於選舉過程中所發生的舞弊和糾紛事件的處理，都有詳細的說明和探討。

　　其次是對於此次所選出的代表，將依其出身、學經歷、年齡、教育程度、黨籍等各項，加以分析。並與制憲時期所選出的代表作一比較，希望透過這些比較，能夠了解到此兩不同時期所選出的代表，究竟有何差異。

2　〈國民大會制定憲法實施準備程序〉，《國民政府公報》，第 2715 號，民國 36 年 1 月 1 日（台北市：成文出版社有限公司發行，民國 61 年 9 月臺 1 版），頁 12。

第二章　選舉法規之制頒與
選務機關之成立

　　制憲國民大會於民國 35 年 11 月 15 日召開,至中華民國憲法制定完成,前後召開過 20 次會議。12 月 24 日召開第 19 次會議時,除決議通過之憲法應由國民政府於 36 年 1 月 1 日公布外,並議決憲政實施之準備程序 10 項。依此程序第 2 項規定,憲法公布後,國民政府依照憲法之規定,應於 3 個月內制頒「關於國民大會之組織,國民大會代表之選舉、罷免」、「關於總統、副總統之選舉、罷免」、「關於立法委員之選舉、罷免」、「關於五院之組織」等法案。而這些法案均於 3 月 25 日立法院所召開的第 4 屆第 319 次會議和同月 27、28、29、30 日所舉行的第 320 次會議予以通過,並呈送國民政府於 36 年 3 月 31 日明令公布。[1]

　　此外,依國民大會代表選舉罷免法第 47 條之規定,另行訂定施行條例,經立法院憲法法規委員會討論修正,並報請立法院第 322 次會議通過,呈送國民政府於同年之 5 月 1 日

---

1 〈公布有關行憲法規十種〉,《國民政府公報》,第 2787 號,民國 36 年 4 月 1 日,頁 1。

明令公布。[2]

　　至此選舉法規制定完成，使得國民大會代表之選舉，有了法源之依據。其後選舉罷免法雖發現若干條文內容未臻理想，也經過多次修訂，尤其對各類代表所分配之名額也一再增加，以滿足各選舉團體之要求。由於修訂過程過於瑣碎，在此不多贅述。

　　由於國民政府已於 5 月 5 日公布選舉總事務所組織條例，6 月 13 日特派張厲生、洪蘭友、蔣勻田、劉東巖、金體乾為國民大會代表及立法委員選舉總事務所委員會委員，並指定張厲生為主席。[3]各委員於 6 月 25 日就職，假國民大會堂舉行第 1 次會議，正式成立選舉總事務所，總理全國選務，7 月 2 日國民政府復令派金委員體乾兼任總幹事，王斌為副總幹事。[4]

　　至於省及直轄市，設立省市選舉事務所；縣市或其同等區域設立縣市選舉事務所，其組織均採委員制，由委員 3～5 人組織選舉委員會，以各該區域內之行政長官為當然委員兼主席。其他蒙藏、僑民及全國性職業團體、婦女團體亦都設有選舉事務所。依此規定，台灣省政府乃奉命於 36 年 8 月

---

2 〈國民大會代表選舉罷免法施行條例〉，《國民政府公報》，第 2813 號，民國 36 年 5 月 1 日，頁 1。

3 〈特派張厲生等 5 人為國大代表、立法委員選舉總事務所委員會委員，並指定張厲生為主席〉，《國民政府公報》，第 2850 號，民國 36 年 6 月 13 日，頁 9。

4 國民大會秘書處編：《第一屆國民大會實錄》，第一編（台北市：國民大會秘書處，民國 50 年 10 月），頁 73。

11 日於台北市成立省選舉事務所，並由省主席魏道明任選舉事務所之主席委員，張兆煥、丘念台、陳逸松 3 人為委員。[5]

　　台灣省選舉事務所成立後，隨即召開第一次委員會，討論通過分設選務、事務兩科，各設科長 1 人，由幹事兼任，科下分設區選、職選、文書、事務四股，各設股長 1 人，由助理幹事兼任，經遴派本省民政廳科長盧明、視察張肇忱、專門委員袁綱熱、專門委員吳彥廉任幹事，並以盧明、張肇忱分兼選務、事務科長，民政廳股長葉慈福，科員馬起華等兼任助理幹事，分任各股股長，這些科長及股長均已到職，開始辦公，並展開繁雜的選務工作。[6]至於其他各縣市選舉事務所亦紛紛成立，如台北市國大代表及立法委員選舉事務所於 8 月 18 日上午 9 時已正式成立，並舉行第一次委員會議，由游彌堅市長主持，游市長則謂：國大代表之選舉，頗為重要，應予選舉者以便利，必能發揮民主之力量，希各位切實研究，以免滋生錯誤。最後並討論事務所之組織、人選等問題。[7]

---

5 〈國民大會代表立法委員選舉總事務所選舉實錄案〉，《內政部檔案》，國史館藏，目錄號：127，案卷編號：933-1。其後不久，三位委員均請辭，代之以徐白光、朱佛定、洪炎秋三人為委員。

6 〈選舉國代及立委，省事務所已成立〉，《台灣新生報》，台北，民國 36 年 8 月 12 日，（4）。

7 〈台北市選舉事務所，各投票所人事決定〉，《台灣新生報》，台北，民國 36 年 8 月 19 日，（4）。

第三章　籌備工作之展開

第一節　代表名額之分配

　　國民大會代表名額之分配及其選舉區域之劃分，係依國民大會代表選舉罷免法第 4 條之規定辦理。

　　此次國大代表之選舉，分為區域、蒙藏地區、邊疆地區、僑民、職業團體、婦女團體和內地生活習慣特殊之國民等不同類別之選舉。然此次台灣省既無海外僑民參選，亦不屬邊疆地區，更無蒙藏地區居民和生活習慣特殊之國民，是以台灣省國民大會代表之選舉，只限區域、職業團體和婦女團體等項目進行。現就此 3 種不同類別名額之分配分別加以說明之。

一、由台灣省單獨選出者

（一）區域選舉

　　依國民大會代表選舉罷免法第 4 條第 1 款規定，每縣市及其同等區域各選出代表 1 人。但其人口逾 50 萬人者，每增加 50 萬人，增選代表 1 名。依此規定，台灣省共有 8 縣 9

省轄市,應可選出區域代表 17 名,另台中縣與台南縣各獲增加代表 1 名,但限婦女代表,1是以共應選出 19 名代表。

（二）職業團體

在職業團體之選舉方面,因其分為各省市職業團體和全國性職業團體兩種。各省市職業團體之代表名額,依法係以會員人數為比例計算而定。此次台灣省所分配到的名額係農會代表 3 名、工會代表 3 名。

（三）婦女團體代表

至於婦女團體代表之選舉,亦分為全國性婦女團體及各省市婦女團體兩種。全國性婦女團體以在各縣市有 5 個以上分會,其分會會員名冊報部有案者為限,其應選出代表數 20 名;各省市婦女團體應選出代表數 148 名,而台灣省此次所分配到的名額為兩名。

二、台灣省與福建、廣東、廣西 3 省及廣州市合選者

（一）漁會第 3 區,應選出代表 3 名。

（二）育會南區,共應選出代表 9 名,其中包括婦女 3

---

1 據《台灣民政》第 2 輯載,民國 36 年度人口統計表中,台中縣男女人口共計 1,254,636 人,台南縣男女人口 1,355,433 人。兩縣均超過 1 百萬人,為本省人口最多的兩縣,或許因為如此,而將此兩名額分配給這兩縣。見〈戶籍行政〉,台灣省政府民政廳編:《台灣民政》,第 2 輯（民國 37 年 7 月出版）,頁 111。

名。

（三）大學及獨立學院（包括專科以上學校）教員團體
南區，共應選出代表 4 名。

（四）新聞記者公會南區，共應選出代表 1 名。

（五）律師公會南區，共應選出代表 1 名。

（六）技師公會，共應選出代表 9 名，其中包括婦女 3
名。

（七）商業團體南區，共應選出代表 5 名。

（八）工鑛團體南區，共應選出代表 3 名。

三、全國合選，台灣省人民可以參加競選者

（一）全國性婦女團體代表，共應選出代表 20 名。

（二）會計師公會，共應選出代表 5 名，其中包括婦女
1 名。

（三）醫藥團體，共應選出代表 16 名，其中中醫師公會
選出代表 8 名，包括婦女 2 名；醫師公會 8 名，
包括婦女 3 名。

（四）不依行政區域組織之工會代表，包括鐵路工會代
表 6 名，海員工會 4 名，鹽業工會代表 3 名，鑛
業工會 3 名，公路工會 2 名，電信工會 2 名。[2]

---

2 《國民大會職業暨婦女團體代表名額詳細分配辦法及產生方法一覽
表》，中國國民黨文傳會黨史館藏，檔號：579/3。
〈社論 ── 大選與台灣〉，《台灣新生報》，台北，民國 36 年 9 月 5
日，（2）。

　　由第一項之敘述可以得知，台灣省國大代表之選舉，最低限度可以選出 27 位代表，至於本省與福建、廣東、廣西 3 省及廣州合選的或參與全國合選的候選人，所得的票數將於全國各省投票完畢後，送至中央選舉總事務所計算票數後以定勝負。

　　無論如何，在這次選舉中，台灣省共可選出 4 名婦女代表，顯然較制憲時期只有 1 名婦女保障名額要多了 3 位，這自然與婦女在制憲國民大會中極力爭取保障名額有關。[3]

第二節　候選人資格之審查

　　依照 36 年 3 月 31 日所頒布的「國民大會代表選舉罷免法」第 5 條之規定：「中華民國國民，年滿 20 歲，而無左列情事之一者，有選舉權。年滿 23 歲，而無左列情勢之一者，有被選舉權」，此左列情事即指沒有犯罪紀錄、精神疾病，以及不吸食鴉片等。

　　由於台灣省既是中華民國之一行省，此一選舉法自然亦適用於台灣地區，因此由此條文之內容可以看出，此次行憲國民大會代表之選舉，無論是對選民或候選人均無太大的要求，既無財產、學歷上的限制，又無性別上的差異，婦女亦

---

3 李南海：〈制憲時期婦女爭取代表名額始末–以國民大會代表之選舉為例〉，邵銘煌總編輯：《近代中國》雙月刊，第 123 期（台北市：近代中國雜誌社，民國 87 年 2 月 25 日出版），頁 185。

和男性一樣享有任何平等待遇，且候選人之參選年齡也較制憲國民大會代表選舉時參選人之年齡還要低兩歲，這可說是自民國創建以來，中央所舉辦的多次選舉中，資格要求最寬鬆的一次。[4]

因此，當選舉總事務所訂定「國民大會代表選舉進行程序」時，即規定凡有意參選之候選人可在 9 月 1 日至 30 日至各地主管選舉之機關辦理登記。據報載，各縣市候選人登記極為踴躍。[5]可見戰後初期，台灣知識份子參政之熱切。[6]其後因大陸內地若干省市選舉工作進行困難，無法如期完成，國民政府遂決定選舉延後 1 個月舉行，而候選人提名登記期限亦順延 1 個月，至 10 月 31 日止。

---

4 民初第一屆與第二屆國會議員的選舉均不准婦女參加，且有財產、年齡和學歷上的限制。制憲和行憲國大代表的選舉則較以前的選舉寬鬆得太多了。參看：許秀碧：《民國 2 年的國會 —— 國會的背景分析》（國立政治大學政治研究所碩士論文，民國 66 年 7 月），頁 71-73。李南海：《安福國會之研究》（私立東海大學歷史研究所碩士論文，民國 70 年 6 月），頁 53-57。

5 〈各縣市候選人登記踴躍〉，《台灣新生報》，台北，民國 36 年 9 月 23 日，（4）。

6 如民國 34 年 4 月 15 日，選舉省參議員，應選出 36 名，但全省申請參選的候選人，經核定的竟有 1,180 人之多，參選人最多的縣市竟高達 481 人。見《台灣省民意機關之建立》（台灣省行政長官公署民政處編印，民國 35 年 11 月），頁 50。而制憲國民大會代表之選舉亦復如此，經審查通過的候選人有 144 名，僅需選出 17 名代表。若以最先由各縣市參議會和各職業團體所推舉的候選人，即候選人之候選人而言，則人數將更為龐大。見李南海：〈台灣省制憲國民大會代表之選舉〉，《中華民國史專題論文集》，第 3 屆討論會（台北縣：國史館印行，民國 85 年 3 月初版），頁 1304。

　　雖然有意參選的候選人很多，但無論如何，國民黨員參選，都必須經由黨中央提名通過，才可登記參選。[7]是以台灣省國大代表候選人之提名與審查，必須經過黨中央這一關才行。但就在此時，台灣省選舉事務所接獲中央電示，以該省情形特殊，經中央常務委員會決定，准用"自由選舉"辦法處理。[8]亦即可不受政黨提名的限制，開放選民自由登記參選。

　　因此，當時只有台灣省之候選人可不經政黨之提名而自由參選，但審查工作仍照常進行，其審查的要項，即選罷法第 5 條之規定。此外，行政院亦曾下令，對曾在偽組織及其所屬機關團體任職之候選人亦有明文規定。若未依懲治漢奸條例判罪者，不得當選為候選人，如發現已經當選者，可認為無效，對明知曾參加過偽組織，而仍予以推薦者，也將依法懲處。[9]

　　由於此時台灣省各縣市選舉事務所已陸續成立，且負責辦理該地區選舉調查和候選人登記等工作。自然，候選人之資格審查，亦由各縣市選務單位負責。因此選務單位乃基於前之所述各項，認真辦理各候選人之資格審查工作。如台南

---

7 《中國國民黨第 6 屆中央執行委員會常務委員會議記錄彙編》第 103 次會議，民國 36 年 11 月 10 日召開（台北市：中央委員會秘書處編印，民國 43 年 4 月出版），頁 571。

8 〈台灣省政黨提名案〉，《內政部檔案》，國史館藏，目錄號：127，案卷編號：545，頁 2。〈中央以本省情形特殊，黨員准自由競選〉，《中華日報》，台北，民國 36 年 10 月 24 日，第 3 版。

9 〈曾任偽職者不得為候選人〉，《中華日報》，台北，民國 36 年 10 月 17 日，第 3 版。

市，自辦理完候選人之調查與候選人登記等工作後，即積極
展開候選人之審查工作，經審查通過無誤的有區域代表陳湰
熙、韓石泉、葉禾田、連震東；職業代表有陳天順；婦女代
表有劉快治等 6 人，彼此間已展開宣傳逐鹿戰。[10]高雄縣選
舉事務所已於 11 月 6 日發表審查合格之國大代表候選人，計
有東港區林壁輝，鳳山區朱漢耀、黃聯登，岡山區余登發，
屏東區潘葛，旗山區吳見草，潮州區劉兼善等 7 名。[11]台北
市國大代表候選人也已於 11 月初，審查完畢。[12]

　　由於以上之所述，可以得知，各縣市選舉事務所均兢兢
業業的審查候選人之資格，其過程也都相當順利。惟一較特
殊的事件是高雄市選舉事務所於 10 月 22 日下午舉行第 3 次
重要會議，審查候選人資格時，其中有一候選人楊金虎，曾
因「二二八」事件，因案判處有期徒刑 1 年，並宣告緩刑 3
年，可否准其參加競選，最後決議，以專案向省選舉事務所
請示。[13]

　　經過數日的審查後，據省選舉事務所初步統計，本省此
次參與競選之候選人共有 99 人，其中包括區域代表候選人

---

10 〈國大選舉延期，候選人提名登記，展延 10 月底截止〉，《台灣新
　　生報》，台北，民國 36 年 10 月 3 日，（4）。
11 〈如保證各黨派當選名額，無異分贓主義，省參會電請國府考慮〉，
　　《中華日報》，台北，民國 36 年 11 月 8 日，第 3 版。
12 〈本市候選人審查完畢，選舉投票所經確定〉，《自立晚報》，台北，
　　民國 36 年 11 月 9 日，第 4 版。
13 〈本省選務進行順利，辦理人員負責認真〉，《中華日報》，台北，
　　民國 36 年 10 月 23 日，第 3 版。

68 人，職業及婦女團體候選人 31 人。在 99 人中，婦女候選人僅有 7 人。[14]

14　〈台國代候選人登記，全部辦理完竣，共 99 人，內婦女 7 人〉，《中華日報》，台北，民國 36 年 11 月 6 日，第 1 版。

第四章　選舉工作之進行

第一節　行政首長選前之鼓勵與
指導選民投票

　　此次所舉辦的行憲國民大會代表選舉，是我國實施憲政與民主政治的第一步，其意義是非常重大的。尤其對台灣同胞而言，第一次在台灣採用普選辦法，來選舉民意代表，更是令全省同胞對未來的憲政發展充滿著無限的憧憬和希望。

　　回顧國父建國的程序，由軍政而訓政進而憲政，一路走來倍極艱辛，而今即將舉行大選，以完成中山先生最後的理想，這對國家或全體同胞而言，都是一件值得慶幸的事。然而這次的選舉，其成敗與否亦關係著民主前途發展的走向，所以我們可以說，這次的大選，是我國實施憲政與民主發展的試金石。[1]

　　因此之故，國人普遍對這次的選舉都很看重，尤其是地

1　〈游市長發表書面談話，鼓勵人民踴躍投票〉，《自立晚報》，台北，民國 36 年 11 月 18 日，第 2 版。

方首長更是輕忽不得，不但親自監督選務人員，日夜趕工，做好選前之選務工作，[2]更在選前積極投入輔選工作的行列中。如高雄市選舉事務所，鑑於國代選舉在望，為使所有選務人員徹底了解法令起見，特定 19 日當天上午 9 時起至下午 4 時止，在市府大禮堂舉辦選舉工作人員講習會，同時邀請該所主席委員黃強，委員陳桐、沈幼軒，幹事康仕貴、陳杉森等人擔任選舉法規及法令解釋、投票須知、開票須知等講解。[3]

台灣省主席魏道明在投票前夕，即透過電台向全省選民廣播，說明投票時應該忠實地執行自己的自由意志，不棄權、不濫權、不替別人做爪牙來侵犯別人的自由權利，同時要求選民遵守法定的程序和秩序。[4]

台北市長兼市選所主席委員游彌堅也於選前發表書面談話，除了鼓勵選民踴躍投票外，更希望市民能夠重視此屆選舉，希望各本己意，選賢與能，尤其不可輕易放棄自己的選舉權利，否則勢必影響大局，且難以反映真正民意。[5]

省民政廳長朱佛定，更是語重心長的發表談話稱：本省

2 〈大選期迫投票在即，省選舉所工作緊張〉，《台灣新生報》，台北，民國 36 年 11 月 17 日，（4）。
3 〈競選入最後階段，各地選潮益澎湃，高雄等地候選人作最後努力〉，《中華日報》，台北，民國 36 年 11 月 19 日，第 3 版。
4 〈國代選舉今日開始，魏主席勉省民發揮民主風度〉，《公論報》，台北，民國 36 年 11 月 21 日，第 3 版。
5 〈游市長發表書面談話，鼓勵人民踴躍投票〉，《自立晚報》，台北，民國 36 年 11 月 18 日，第 2 版。

以往所辦之選舉一般情形尚稱良好，希望此次國大代表及立法委員之競選，能保持高尚的風度，應以發表政見、演講、宣傳道德文章，熱心國家社會事業種種合理方式，取得選民之信仰與認識，絕不可威脅利誘，藉金錢勢力行使其不正當之行為，至違反憲法及選舉規章不法行為情事，無論選民與競選人，均可依法檢舉。本人主張本省選務，對維護法律之尊嚴，認真執行，希望競選人士以最高尚競選風度，嚴禁浮奢酬酢，實現真正民主精神，奠立行憲鞏固基礎云。[6]

此外，各縣市地方首長，也不時的向轄區內的選民宣傳，鼓勵把握手上神聖的 1 票，踴躍投票。如：台中縣長宋增渠亦於投票期間多次赴各選區巡視，並派汽車貼滿標語，巡迴鄉村，提醒民眾尊重選舉權。[7]台中市選舉事務所，為鼓勵市民踴躍投票，頃印製標語 4 種，張貼於本市公共汽車，以喚起市民注意，計「盡量投票完成民主」，「選賢與能來做民眾代表」，「投票是民主的特徵，快來行使」，「快來行使民權，大家各投一票」等。[8]

由以上之所述，可以得知，政府為了使這次所舉辦的國民大會代表能夠順利完成，使中國真正成為一民主憲政的國家，無不竭盡全力，認真謹慎的辦理此事。選務機關為了使

---

6 〈實現真正民主選舉，威脅賄賂依法辦理，朱廳長勉提高競選風度〉，《台灣新生報》，台北，民國 36 年 9 月 18 日，（4）。
7 〈本省各地大選彙誌〉，《公論報》，台北，民國 36 年 11 月 23 日，第 3 版。
8 〈大選花絮〉，《台灣新生報》，台北，民國 36 年 11 月 16 日，（4）。

選民了解民主的真諦，也盡其所能的廣爲宣傳，並要求選民不要隨意的放棄自己的權利，尤其注意不要被野心家的狡猾面所欺騙，也不要被金錢所動、暴力所屈，9以最民主最公正的方式，來舉辦這場「選舉」。更希望「才望素孚、負責盡職」的候選人得以當選。更何況台灣脫離祖國逾 50 年之久，而今回歸祖國懷抱，台灣同胞歡欣之情非可比擬。此時適逢政府實施憲政，更使得臺灣同胞有與內地同胞平等參與全國政治的機會，而且中央也願台胞中有才德之士多到中央各政治部門服務，以盡他們爲祖國貢獻才力的熱忱。故此次選舉，對台灣同胞而言，更較其他各省市具有特殊的意義。

第二節　選舉規範

一、對選務人員之要求

辦理任何選舉事務，選務人員總是站在第一線。可說是既辛苦，責任又是如此的重大。工作人員若因一時的疏忽或不慎，所造成的錯誤，將會對國家或候選人造成無法彌補的傷害。

此外，選務工作做的好與壞，也直接影響到選舉的成敗。因此，政府在舉辦選舉時，對選務人員的要求也格外嚴格，

---

9 〈社評 ── 談談普選，先談明法再求守法〉，《自立晚報》，台北，民國 36 年 10 月 17 日，第 1 版。

非但要求選務人員在負責選務工作時，要秉持公平、公正、公開的原則辦事外，尤其不可隨便接受候選人任何餽贈或飲宴，或做出任何幫助候選人競選的事情。正如選舉總事務所在第四次委員會中決議：「辦理選政人員，應迴避競選，自不得援助候選人競選」。[10]

同樣的，選舉總所在 9 月 27 日下午舉行第十次會議時，張厲生主任委員再次鄭重表示：「對全國各地辦理選舉人員，應嚴守法令規定，切實辦理選舉事務」，「如經本所委派之各級辦理選舉委員，有違法舞弊情事，本所定當依法嚴辦，不與寬恕」。「……其情節重大，時機迫促者，並准先行撤職遴員暫代，然後報請上級機關核辦」。[11]

由此可知，政府對此次國民大會代表之選舉，至表重視，對選務人員才會有如此嚴格之要求。

二、對選民之要求

在這次選舉中，除了對選務人員有嚴格要求外，對一般選民也提出許多應該注意的事項。

在制憲國大代表選舉時，曾要求選民先行登記，並參加宣誓，才能獲得公民證，有了公民證，才可換取選票。[12]而

---

10 〈台灣省選務疑義案〉，發電：選字第 4663 號（民國 36 年 10 月 17 日），《內政部檔案》，國史館藏，目錄號：127，案卷編號：869，頁 107。
11 《台灣省政府公報》，多字第 36 期（台灣省政府秘書處編輯發行，民國 36 年 11 月 13 日），頁 566。
12 〈公民宣誓登記規則案〉，《內政部檔案》，國史館藏，目錄號：127，

這次行憲國大代表之選舉，雖不需宣誓，但依國民大會代表選舉罷免法第 9、11 兩條之規定，各選舉單位先造具選舉人名冊，待各主管選舉機關編製完成後，再分別發給選舉權證，憑此證領取選舉票。是以此項選舉權證之作用，旨在證明國民之擁有選舉權利，並防止無選舉權證者，冒名參加投票。[13]即便是職業團體選舉人，亦復如此，於投票時必須憑選舉權證領取選票，其無選舉權證，而僅有會員名冊，或會員證者，亦不能發給選票，如此做法實乃欲杜絕一切流弊。[14]

　　對於不識字、瞽目或殘廢不能書寫之公民，台灣省選舉事務所已指示各地區投票所，設有代書。凡選舉人不能親書，而請人代書選舉票時，以按右手大拇指模爲憑，毋庸蓋用私章。[15]另，請人代書姓名時，亦常發生另一弊案，即由代書所書寫之姓名與當事者所需求的不一樣，因此選舉總所特別要求所有投票管理及監察人員，於執行任務時，應切加監督，

案卷編號：952。

13 《台灣省政府公報》，秋字第 49 期（台灣省政府秘書處編輯發行，民國 36 年 8 月 23 日），頁 780。

14 《台灣省政府公報》，冬字第 41 期（台灣省政府秘書處編輯發行，民國 36 年 11 月 19 日），頁 643。〈各縣市國代選舉票，經省選所分發完竣，無選舉證者，不發選票〉，《台灣新生報》，台北，民國 36 年 11 月 15 日，（4）。

15 《台灣省政府公報》，秋字第 47 期（台灣省政府秘書處編輯發行，民國 36 年 8 月 21 日），頁 75。因蓋私章深恐仍可僞造，故請人代書時，以按右手大指模爲憑，毋庸蓋用私章。〈選舉人請人代書選票，以按右手大指模爲憑〉，《中華日報》，台北，民國 36 年 9 月 16 日，第 1 版。

以免冒頂操縱之情弊一再發生。[16]

　　此外，依國民大會代選舉罷免法第 7 條規定，每一公民只有一個選舉權，亦即每一選舉人不得有兩個以上之選舉權。如此，才可使每一選舉人的選舉機會均等。

　　至於選民之投票，可在既定的時日（11 月 21～23 日）內前往指定的投票所投票。部分省市如南京市、重慶市等依選民不同類別而區分不同時日投票，[17]但台灣省無此種分別，所有選民均可在此 3 日內，隨時前往投票。[18]

三、對現任行政官員參選之要求

　　依國民大會代表選舉罷免法第 8 條之規定：「現任官吏不得於其任所所在地之選舉區當選為國民大會代表」。

　　此所指之現任官吏，依南京選舉總事務所之解釋謂：「各公務職業人員如銀行經理、工廠廠長、合作金庫官股理事，各學校校長（教員除外）或有相當委任及尉官者，均視同政

---

16 《臺灣省政府公報》，冬字第 25 期（台灣省政府秘書處編輯發行，民國 36 年 10 月 30 日），頁 389。〈請人代書選舉票者，選務當局令切實監督〉，《自立晚報》，台北，民國 36 年 10 月 30 日，第 1 版。

17 〈渝市大選日期將臨，投票辦法已有規定〉，《中央日報》，重慶，民國 36 年 11 月 11 日，第 3 版。

18 《台灣省政府公報》，冬字第 37 期（台灣省政府秘書處編輯發行，民國 36 年 11 月 14 日），頁 584。〈各種選舉–不分定日期〉，《自立晚報》，台北，民國 36 年 11 月 2 日，第 2 版。〈國民黨候選人定 11 月 1 日審查完畢，各項選舉不另分排日程〉，《台灣新生報》，台北，民國 36 年 11 月 1 日，（3）。

府官吏，同受規定限制」。[19]

　　選舉總所之所以做此決定，其主要用意即在於預防這些行政官員利用其職務上的權利，操縱選舉。尤其是這些行政官員在其職務上有其相當大的地位和權力，在地方上亦有其既定的影響力，若任其自由參選，則對其他候選人而言，勢必造成不公，所以選舉總所才訂定法規，對這些官員加以限制。其如此做法，亦可說是在保障其他候選人的權益，而避免權力被少數特權階級所壟斷。各級行政長官若有意出馬競選國大代表的話，可在推舉候選人之前，先行辭去原有職務，始得參加競選。[20]如此做法，即可使這些官員保持行政中立之立場，又可免除行政官員遭人批評之口實。

---

19 合作金庫劉朝明原欲參加競選，惟依法受限制，但合作金庫總經理是由董事會聘任，並非政府委派，且未支薪俸。其後省選所答覆，該員所陳確係事實，未經政府委派，可參加競選。見《中華日報》，台北，民國 36 年 9 月 16 日，第 1 版。其後台灣省選舉事務所來電通告各縣市選舉事務所謂：「教育會爲全國性分區職業團體選舉，公立學校校長如參加選舉競選，可不受辭職之限制」。見《台灣省政府公報》，多字第 4 期（台灣省政府秘書處編輯發行，民國 36 年 10 月 4 日），頁 62。

20 查國民大會代表選舉罷免法第八條規定之意義，係防止地方現任官吏利用職權操縱選舉而設，凡屬現任委任以上之文職及尉官以上之軍職人員，如欲於其任所所在地之選舉區參加競選國大代表，非於本年 9 月 1 日前辭去現有職務，不得爲候選人。見國民大會代表立法院立法委員選舉總事務所編：《選務週刊》，第 11 期（南京市：民國 36 年 11 月 17 日），頁 3。

四、對候選人之要求

除了以上所論述的之外，整個選舉的重點，還是在於對候選人本身之要求才是。由於選務單位對於候選人的參選都很重視，唯恐所選出的代表素質不佳或德性不良，而會影響到整個國家民主憲政的發展。因此一再叮嚀要求候選人不可做出傷風敗俗，影響國家形象的事。爲此，內政部暨選舉總所通令各省，要求候選人在競選時，務必用「正大光明的手段進行，無論是公開演講、印發傳單、訪晤地方各界人士均可，然若有串通地方惡劣勢力，把持選舉，或宴客饋遺或利用金錢以其賄賂當選等情事，惟觸犯刑章，顯與節約消費相抵觸，且足以敗壞風俗，屈抑人才，流弊之大，不可勝言，應即採取有效辦法迅速制止，其情結重大者，除依法取消其候選資格外，並應連同其他有關人犯移送法院予以處辦」。[21]

而台灣省民政廳長朱佛定對台灣同胞勇於參加此次選舉，至表欣慰。且許多候選人自登記競選後，就積極活動。朱廳長爲了避免選風惡化，選舉變質，特別發表談話，要求候選人務必遵守選舉規則，認爲：「候選人參與競選，應保持高尚的風度，應以發表政見講演、宣傳道德文章、熱心國家社會事業等合理方式來迎取選民之信任與認同，決不可以威脅利誘，藉金錢勢力行使其不正當之行爲，若有違反憲法及

---

21 《台灣省政府公報》，多字第 36 期(台灣省政府秘書處編輯發行，民國 36 年 11 月 13 日)，頁 566。《台灣新生報》，台北，民國 36 年 11 月 14 日，（4）。

選舉規章之不法行為情事，無論選民或競選人均可依法檢舉。並希望參與競選之候選人能以最高尚競選風度，嚴禁浮奢酬酢舉動，實現真正民主精神，奠立行憲鞏固民主基礎云」。[22]

另，監察委員黃鳳池、向乃祺、陳翰珍、劉壽朋等亦向選舉總所提出建言，希望能防止選舉不法之情事發生，他們認為：「此次選舉，關係憲政實施暨建國前途至深且鉅，各參加競選人員，均應恪遵法令，依循正軌，以爭取選民之同情，不得稍有威脅利誘或其他舞弊情事，原呈所請，應准通飭注意」。[23]

由此我們可以看出，台灣省政府對此次選舉非常看重，所以對候選人的要求也特別嚴格，真希望所有候選人都能做到清白選舉，遠離罪惡的境界。

此外，有許多候選人其本身即是國民黨員，因此黨中央也對這些黨籍候選人提出許多規範，希望這些黨籍候選人也都能切實遵守。如國民黨中央派赴台灣負責選舉事務的指導委員蕭錚，曾對本省籍黨員發表書面談話謂：「……本黨同志，此次參加選舉，須以最民主的作風，為最公正的選舉，一方面亦應以公正民主立場歡迎社會賢達及各黨人士共同踴躍參加競選，民主國家的選舉，即是社會文明的試金石，一

---

22 〈保持高尚競選風度，實現真正民主精神〉，《中華日報》，台北，民國 36 年 9 月 18 日，第 3 版。
23 《台灣省政府公報》，冬字第 53 期，（台灣省政府秘書處編輯發行，民國 36 年 12 月 3 日），頁 838。

切應以維持正義與選舉道德爲依歸，深盼本黨同志及社會人士共同了解」。[24]

由此可知，國民黨中央也非常希望台灣選民能選出優秀的黨員同志爲代表，來爲國家服務，尤其是台灣脫離日本統治不久，才剛回歸祖國懷抱，中央非常希望台灣同胞中有才德之士多到中央各政治部門服務，以盡他們爲祖國貢獻才力的熱忱，故此次的選舉，在台灣更較其他各省市還具有特殊意義。[25]

而台灣省黨部書記長徐白光，爲了此次的選舉，也對記者發表談話，他對黨員參加選舉，也提出 3 大要求：

1. 嚴禁賄選、舞弊或其他不合理方式參加選舉之行爲。
2. 爲使優秀黨員獲得較多當選機會，已勸各縣市常務指導員勿參加競選。
3. 黨員參加大選，務必發揮恪守黨紀之精神，蓋此種精神，實即民主政治之曙光也。[26]

黨員同志候選人除了要遵守前之規定外，國民黨中央組織部復要求黨員同志競選時，須公開發表政見，且黨員之言論，以主義爲依歸，所提的政治主張，決不容與遺教及本黨政綱政策相違背，對於政府現行的法令，亦不應抵觸，否則

---

24 〈以民主公正的作風，慎選才望素孚人士，並盼台胞多爲祖國貢獻才能〉，《中華日報》，台北，民國 36 年 9 月 5 日，第 3 版。
25 同前註，《中華日報》，台北，民國 36 年 9 月 5 日，第 3 版。
26 〈徐白光對此次大選發表談話〉，《中華日報》，台北，民國 36 年 9 月 9 日，第 3 版。

「紀律所在，碍難寬恕」。[27]

　　這些都是國民黨中央對本省籍黨員之候選人所提出期勉的要求，可見做為一個黨之候選人他所背負的道德光環較一般候選人要嚴苛得許多。

第三節　競選與投票

一、候選人發表政見

　　候選人的政見發表，可說是決定選舉勝負的關鍵因素之一。[28]而舉辦政見發表會之目的，就是在於使候選人能夠直接面對選民，將其理想、抱負告知選民，從而使選民正確地認識候選人，以達到選賢與能的目的。[29]

　　由於前次制憲國民大會代表之選舉，台灣地區國大代表之選舉是一種間接選舉，只有省參議員才有投票權，一般選民全無投票權。[30]因此候選人無法發表其政見。而這次行憲國民大會代表之選舉，政府採取普選制，每位選民都有一張投票權，自然成為候選人爭取的對象。因此選務單位一再要

27　〈國民黨員競選言論，不得違背政綱政策，亦不能與現行法令有所抵觸〉，《中華日報》，台北，民國 36 年 10 月 17 日，第 3 版。

28　袁頌西等編：《中華民國選舉罷免制度》（台北市：中央選舉委員會，民國 74 年 6 月出版），頁 282。

29　中央選舉委員會編：《選務研究發展專輯》，第 2 輯（台北市：中央選舉委員會，民國 77 年 6 月出版），頁 1-69。

30　李南海：〈台灣省制憲國民大會代表之選舉〉，頁 1299。

求選民要認清候選人，不要隨意放棄自己的權利，慎重的投下這神聖的一票。[31]為此，台灣省各縣市選舉事務所也盡力的為自己轄區內之候選人舉辦多場政見發表會，候選人也乘此機會向選民推銷自己。

如嘉義市選舉事務所利用各區召開里民聯合大會時，邀集黃文陶、劉傳來、王鍾麟、陳尚文等 4 名候選人在該市之國華戲院、中央戲院等地作競選演講。[32]

接著台灣省憲政協進會主辦「台北市國大代表候選人政見發表演講會」，當天雖然風雨大作，但到場（台北市老松國小）的聽眾甚為踴躍，有一千餘人。代理市長游彌堅致詞略述制憲及憲法內容後稱，「選舉國大代表，絕不可拘泥人情，願選出真能代表民眾，為民眾謀福利講話之賢能人士。渠以諧謔論調稱：選舉國大代表，似選擇女婿，一如往昔千金小姐，拋繡球選擇郎君，必須慎重考慮，選出自己意中人士，並盼各選民不可輕易放棄自己之貴重權利」。[33]

接著 3 位候選人，分別就政治、經濟、教育、民生等方面的問題，發表自己的觀感。首由黃及時演講，講題為「行憲與台灣之將來」。繼由周延壽演講，講題為「我若當選國大代表」，末由鄭邦卿演講，講題是「撇開全國性的問題來

---

31 〈請慎重投此一票，選舉能以國家民主為重的人〉，《中華日報》，台北，民國 36 年 11 月 21 日，第 3 版。

32 〈嘉義候選人發表政見〉，《中華日報》，台北，民國 36 年 11 月 11 日，第 3 版。

33 〈台北市候選人演講政見〉，《台灣新生報》，台北，民國 36 年 11 月 17 日，（4）。

談本省一般的興革問題」。[34]3 人均獲熱烈的掌聲，由這些可以看出選民情緒都是很高昂的，對這次的選舉是相當重視的。

其他如台南縣、台中市、高雄市等地之選務單位也都舉辦多場政見發表會。往往候選人在台上滔滔不絕的論述自己的抱負和理想，講到精彩處，台下的聽眾也會報以熱烈的掌聲，[35]甚至有的聽眾因情緒太過激動，而難以控制。

此外，候選人所發表的政見內容若能與國家未來所要發展的政策內容相結合，也能贏得民眾的認同，如屏東市國大代表候選人張吉甫，在里民大會裡特別強調說明現今政府實行「動員戡亂」的意義以及推行「三七五」減租政策的實質內容，使民眾對政府所要實行的政策內容有所了解，如此做法不但提高了他的知名度，更對他的開拓票源都有相當大的幫助。[36]另，張吉甫復懂得把握拉攏下層選民，以喚起大眾的擁戴，都是很好的策略，而贏得最後的勝利。

除了以上所論述各縣市區域代表的政見發表會外，在職業團體方面，因限於資料關係，僅知教育廳主任秘書薛人仰曾於大選期間之 11 月 18 日晚間，利用廣播電臺做了競選說明，講題是「我國教育目前急迫要務」，強調普及國民教育、鄉村與城市教育應均衡發展、教育人員生活應切實保障使能

34　同前註，《台灣新生報》，台北，民國 36 年 11 月 17 日，(4)。

35　〈民主的競選作風〉，《中華日報》，台北，民國 36 年 11 月 10 日，第 3 版。

36　〈本省選務進行順利，辦理人員負責認真〉，《中華日報》，台北，民國 36 年 10 月 23 日，第 3 版。

安心工作。[37]這可說是真正具有專業素養的候選人所提出最中肯的建議,自然希望選民能夠接納他,並予以支持。

在各縣市選舉事務所舉辦的公辦政見發表會外,還有候選人自己私辦的政見發表會,如高雄市候選人楊金虎當初因案判刑,不得登記參選,後雖判緩刑准其參選,為了打響知名度,私自在市區各重要據點舉辦多場政見發表會,最後竟當選上高雄市代表。[38]另外也有許多候選人,為了能夠吸引更多的選民前往聆聽,常將場地設在戲院,以便會後免費招待選民觀賞電影。[39]

二、競選活動之進行

候選人除了利用政見發表會,闡述自己的施政理念或政治抱負外,仍想盡辦法使用各種花招以吸引選民注意,其方式有:

(一)張貼宣傳標語

在當時的競選過程中,候選人最普遍使用的一句口號就是「敬請惠賜一票」,各候選人利用此句口號製成宣傳單,

---

37 〈大選期迫投票在即,省選舉所工作緊張〉,《台灣新生報》,台北,民國 36 年 11 月 17 日,(4)。

38 〈候選人楊金虎,身份發生問題,惟渠仍做競選準備〉,《中華日報》,台北,民國 36 年 11 月 17 日,第 3 版。

39 〈隨報分送宣傳品,免費觀劇聽政見〉,《公論報》,台北,民國 36 年 11 月 17 日,第 3 版。〈大選花絮〉,《台灣新生報》,台北,民國 36 年 11 月 16 日,(4)。

貼滿了大街小巷。如彰化市候選人蘇振輝活動力最強，早已將「請彰化市民惠賜一票～蘇振輝」的口號製成鮮明奪目的宣傳單，將各街市貼得滿滿的。[40]台北市候選人周延壽除了僱用樂隊外，也將「請救援周延壽，苦鬥中推薦人一同」的宣傳標語製成牌子，僱人抬著沿街搖晃宣傳。[41]

屏東市候選人林石城，更特製橫幅木板，豎立各街頭，也相當引人注意。[42]而基隆市兩候選人之競爭也很激烈，由報載可知，當時雙方之宣傳，可是花招百出，無奇不有，「……連日來，本市候選人，競選宣傳方式日以更新，雖風雨連綿，亦於拼命展大，花樣重重，各有千秋，除報紙上大字刊登廣告外，街頭巷尾，遍貼各色標語，琳瑯滿目，『惠賜一票』舉目皆是，口頭吹噓，及傳單介紹，各候選人履歷和資格，雖婦孺亦夠讀熟，棹頭集着紅、白卡片和傳單，有直接送來，亦有隨報附贈，『懇請』惟恭，推薦人為了忠于職守，逢面『拜託』響耳，……」。[43]

還有許多候選人為了引起選民注意，所製作的宣傳廣告顏色鮮明，大街小巷、報端牆角、大場所小戲院，處處皆可

---

40 〈彰化等地開始國代競選活動〉，《中華日報》，台北，民國 36 年 9 月 7 日，第 3 版。

41 〈大選插曲〉，《自立晚報》，台北，民國 36 年 11 月 22 日，第 1 版。

42 〈競選小鏡頭〉，《公論報》，台北，民國 36 年 11 月 17 日，第 3 版。

43 〈各地通訊–基隆〉，《自立晚報》，台北，民國 36 年 11 月 20 日，第 4 版。

看到，看了真是讓人觸目驚心。[44]而高雄縣可說是全省選戰最激烈的地區，全縣有余登發、劉乘善、朱耀漢、潘葛、吳見草、林壁輝、黃聯登等 7 名候選人。各候選人勢均力敵，候選人於選舉前夕，倍感緊張，街頭巷尾，貼滿「敬請惠賜一票」的傳單。毛振寰縣長於投票第 2 天到投票所視察投票情形，仍感到「外緊內弛」。[45]

總之，張貼宣傳標語是所有候選人所貫用的一種宣傳手法，在當時也確實能夠收到宣傳的效果。

（二）僱用遊行車隊與樂隊

除了張貼宣傳海報外，候選人為了比氣勢，往往都僱有車隊或樂隊，沿街吹奏宣傳，以壯聲勢。如台中市於大選前夕，林湯盤、林朝權競選益趨熱烈，各以中西樂隊，用汽車載乘，日夜奔馳於陸上，並到處流動演講。[46]

「高雄市於選前一天（20 日），選舉空氣已達白熱化。楊金虎、林澄增、林迦等 3 人不但沿街道貼名單標語，紅、綠相間，掩映成趣，並僱人扛大幅競選名牌沿途敲鼓鳴鑼，引人注意，或以汽車縫繫紫色彩帶，馳騁市區，呼喚口號，

---

44 〈大選小鏡頭〉，《公論報》，台北，民國 36 年 11 月 22 日，第 3 版。

45 〈本省各地大選彙誌〉，《公論報》，台北，民國 36 年 11 月 23 日，第 3 版。

46 〈選舉國代今第一日，全省各地同時投票〉，《台灣新生報》，台北，民國 36 年 11 月 21 日，（4）。

絲竹鼓樂，各顯其技。[47]尤其是楊金虎，恢復選權以後，與林澄增、林迦已成 3 人鼎立的局面，戰況相當激烈」。[48]

　　彰化市呂世明和蘇振輝的競選，可真有互別苗頭，互相較勁的意味。先是呂世明開出小汽車，配上擴音器，沿街宣傳。第 2 天，蘇振輝亦用了擴音器，並配了樂隊，到處演講。後來呂世明又開出大卡車，遍貼標語，上載「南北管」，巡遊市街。[49]

　　而台北市候選人的選舉花招，更令人感到噱頭十足，如報上所載：「因為是最後『生死關頭』的一天，所以各競選汽車出動也加倍勤快，延平北路上像化妝汽車大遊行，高銘鴻的新式客車剛過，周延壽卡車又大吹而來，黃及時的沒蓬汽車也自後追到。黃及時的那輛『老爺車』似乎比第一天跑得快多了，四隻輪胎的氣也似乎較足。……」[50]

　　至於周延壽的這部宣傳車，據報紙所載，後面貼的是：「請救援，周延壽苦戰中」，前頭一個「救」，後頭一個「苦」，不但緊張，甚至嚴重。而鄭邦卿的宣傳車四周貼著：「赤貧的候選人」，有人卻說：「競選國大代表的，究竟不平凡，

---

47 同前註，《台灣新生報》，台北，民國 36 年 11 月 21 日，（4）。

48 〈本省各地大選彙誌〉，《公論報》，台北，民國 36 年 11 月 23 日，第 3 版。

49 〈大選小鏡頭〉，《公論報》，台北，民國 36 年 11 月 25 日，第 3 版。

50 〈大選小鏡頭〉，《公論報》，台北，民國 36 年 11 月 24 日，第 3 版。

連赤貧階級的也備有汽車」。[51]

而黃及時所僱用的無蓬汽車,可說演出最為出色,他本人高高站在後座,胸前掛著白緞紅邊大名錶「招搖過市」,頻頻招手,「萬事拜託」。[52]

教育團體候選人薛人仰也不甘示弱,僱用的汽車懸掛大幅標語,週遊各學校區域。[53]而教育廳所有汽車,各學校及社教機關也貼遍了「薛人仰」的競選廣告,大家也都認為「人仰」兩字都說好寫。[54]

(三) 散發名片

候選人印製名片,並於交通要道或投票所門口散發之,也是相當具有宣傳力的。台北市長兼市選所主席委員游彌堅,於投票之第二天(22日),上下午分別巡視各區投票所時,覺得各候選人之競選宣傳太過激烈,各候選人的宣傳人員都佇立於各投票所門前,散發名片,結果弄得滿路皆是。每人均向選民頻頻點頭,連呼「拜託、拜託」。黃及時則動員其男女眷族及近親遠戚分別佇立各投票所,自晨至暮向選

---

51 同前註,《公論報》,台北,民國 36 年 11 月 24 日,第 3 版。

52 〈大選小鏡頭〉,《公論報》,台北,民國 36 年 11 月 22 日,第 3 版。

53 〈大選繽紛錄〉,《台灣新生報》,台北,民國 36 年 11 月 22 日,(4)。

54 〈大選插曲〉,《自立晚報》,台北,民國 36 年 11 月 22 日,第 1 版。

民分發名片。[55]

　　台灣新生報也對候選人之分發名片有所報導：「……每一投票所前口，都有好幾個胸前掛著布條：『候選人×××選舉助理員』的女郎和學生，他們向每一個走進投票所的選舉人分送一張印著『懇請惠賜一票』的候選人名片，他們以親切的細語請人務希賞光，賜投一票」。[56]

　　此外，也有些候選人，在名片上印有「鞠躬盡瘁」、「懇請惠賜寶貴一票」的標語。據報載，有1位老太婆，不識字，請代書人書寫候選人姓名，問其書寫何人姓名，竟一時答不出來，隨即拿出名片，直指此人是也。如此做法，也確實收到宣傳效果。[57]因此，在幾個鐘頭的巡禮當中，記者發覺到10個選民當中，總有一、兩個拿著候選人印發的名片，請人代書選票，想不到送名片拜託，還是有其功效的。[58]

　　相對的，亦有1位穿著麻袋製成上衣的苦力，拿了一張選舉權證，跑到中山堂欲領選舉票，據記者探悉，他的選舉權證下還有一張「懇請惠賜一票」的名片，說是昨天有人送了一斤米給他，還交給他此張名片，告訴他今天寫選舉票時，

55 〈大選第2日，省垣投票人數大增，競選宣傳更狂熱〉，《公論報》，台北，民國36年11月23日，第3版。

56 〈所內空氣嚴肅，門前競爭熱烈〉，《台灣新生報》，台北，民國36年11月22日，（4）。

57 〈大選小鏡頭〉，《公論報》，台北，民國36年11月22日，第3版。

58 〈幾個不同的作風〉，《中華日報》，台北，民國36年11月22日，第3版。

照樣寫之。[59]如此這般，實有賄賂的嫌疑，選務單位自可向候選人提出告訴，若果真如此，則此張名片對候選人而言，非但幫不上忙，反而收到反效果，實在是得不償失。

（四）利用電台廣播演講

利用電台廣播演講，亦是競選宣傳方式之一，亦即透過電台的廣播，可將自己的施政理念和抱負告知選民，其影響的層面較廣且遠。因此，台中市國代候選人林朝權、林湯盤及其擁護者黃朝清、廖學庸、林益興，於數日來每晚由空中廣播電臺廣播宣傳競選。[60]教育團體的薛人仰也曾做過一次廣播宣傳。[61]但候選人使用的機率並不很高，實乃因本次國大代表選舉係全面開放競選，未有任何限制，許多候選人寧願親自走入群眾，與選民直接接觸較為實際，所以上電台廣播的候選人並不多。

由以上所論述的四點，可以得知，這是候選人所使用正當的競選方法。至於候選人私底下如何暗中較勁，則不得而知，但據台灣新生報一則報導，或許可以看出端倪：「競選者間，很少發生正面的激烈的陣地戰，大約他們都在神不知、鬼不覺之下，實行迂迴包抄，這種表面上的沉默，頗是耐人

---

59 〈大選插曲〉，《自立晚報》，台北，民國 36 年 11 月 22 日，第 1 版。

60 〈省選務所漏夜趕辦，有關選舉各項工作，高雄台中競選氣氛益見緊張〉，《中華日報》，台北，民國 36 年 11 月 17 日，第 3 版。

61 〈候選群像〉，《中華日報》，台北，民國 36 年 11 月 22 日，第 3 版。

尋味」。[62]

此外，仍有部分候選人，不顧法令之規定，干冒違法之大不諱，設宴款待選民，以爭取選票，如新竹縣區域代表候選人吳鴻森，即以台幣十餘萬元，饋遺宴客，威脅利誘，並以「二二八」事件鼓惑人心，排斥外省同胞。[63]另，彰化市的兩位候選人蘇振輝和呂世明在其所設的帳幕內都擺置了檳榔，任人嚼食，[64]這些可說都屬違法的行為。

但，無論如何，選舉是需要花費大筆金錢的，如果財力不足，是無法與他人競爭的。有一候選人言將準備花費一千萬元的選舉經費，亦有一候選人準備六百萬元，還有 1 人錢不夠多，但也準備花費百萬元。[65]就以台中市之候選人林朝權和林湯盤而言亦復如此，林朝權預計花費六百餘萬元，林湯盤準備以七百餘萬元之宣傳費與其對抗。[66]

可見參與選舉，非有百萬以上之經費是無法上陣與人競爭的。是故有些候選人即因經費不足而無法和資金雄厚的人

62 〈大選繽紛錄〉，《台灣新生報》，台北，民國 36 年 11 月 22 日，（4）。

63 〈台灣省選舉結果案〉，《內政部檔案》，目錄號：127，案卷編號：546，頁 41、42。

64 〈大選小鏡頭〉，《公論報》，台北，民國 36 年 11 月 25 日，第 3 版。

65 〈競選拾掇〉，《中華日報》，台北，民國 36 年 9 月 18 日，第 3 版。

66 〈台中競選，展開宣傳戰〉，《自立晚報》，台北，民國 36 年 11 月 14 日，第 1 版。

競爭而慘遭失敗如薛人仰、吳阿泉是也。[67]

就在此競爭激烈，已呈白熱化的情況下，竟有兩位候選人宣布退選，一為台中市之丘念台，一為台北縣之李建興。丘念台有感於台中市部分候選人未能遵守事前所立下之諾言，只得依照初意，讓賢負責，退出候選。[68]而李建興為遵從母命，決定請辭，退出選舉，蓋因其母認為：「最近蘭陽地區淫雨成禍，災黎遍野，亟待救濟，以此莫若卸棄競選，專事賑災，較合天道」。[69]並以其預籌之競選費用台幣二百萬元，以半數救濟羅東水災，半數捐助台北縣各學校。[70]

李建興在此選戰最激烈的情況下，毅然決定急流勇退，並以其競選經費捐助受災同胞，其精神令人感佩，尤其是在選戰激烈的情況下，無異為混沌不明的選情投入一股清流。

除此之外，在激烈的競選過程中，仍有一則較輕鬆的話題，此乃因新竹市有兩位候選人參選，相當引人注目，一為任職警備司令部副參謀長的蘇紹文，一為任職空軍司令部總務組長的陳金水。此 2 人均係新竹出身，蘇紹文因在「二二八」事件中，出任新竹地區防衛司令，保衛地方，甚為出力。

---

67 〈候選群像〉，《中華日報》，台北，民國 36 年 11 月 22 日，第 3 版。

68 〈丘念台退出候選國大代表啟事〉，《中華日報》，台北，民國 36 年 11 月 14 日，第 4 版。

69 〈李建興為遵母命決請辭退國民大會代表台北縣候選人資格啟事〉，《台灣新生報》，台北，民國 36 年 11 月 19 日，（1）。

70 〈李建興–放棄競選〉，《自立晚報》，台北，民國 36 年 11 月 18 日，第 4 版。

抗戰期間，曾在內地參與對日抗戰，戰績卓勳，頗受一般選民愛戴，這次出馬參選，由其兄出面聯絡地方父老。陳金水亦由其兄代為聯絡地方工商界及少壯青年，一般人笑謂此次選舉實乃陸空大戰也。[71]

　　由以上之論述，可以得知，台灣省這次行憲國民大會代表之選舉，選戰是如何的激烈，各大街小巷，甚至農村都籠罩在激烈的選戰氣氛中。張朋園教授在其論著〈國民黨控制下的國會選舉（1947～1948）〉一文中曾提到此次國大代表選舉除南京、上海外，大陸內地廣大的農村一片死寂，沒有反應，[72]這種情形在台灣是見不到的。

三、投票情形

　　候選人經過長達數月之久的競選活動後，最後終於可以讓選民在既定的三天裡，投下神聖的一票，以決定未來引領台灣走向民主大道的最佳人選。因此，各地選務單位，在選前一再呼籲選民要去投下神聖的　票，不要任意棄權，派員打鑼通知選民，並聯絡各里里長鼓勵選民速往投票。甚至台北市選舉事務所為鼓勵選民踴躍投票，訂定獎勵辦法，以里為單位，要求里長指揮各鄰長發動全里男女選民，踴躍參加

71　〈選民複查完畢，即將呈送總選務所〉，《中華日報》，台北，民國 36 年 9 月 4 日，第 3 版。

72　張朋園：〈國民黨控制下的國會選舉（1947-1948）〉，《中央研究院近代史研究所集刊》，第 35 期（台北市：中央研究院近代史研究所發行，民國 90 年 6 月），頁 160。

投票，投票多寡以點數計算之。獲得最高點者，由選舉事務所頒給錦旗一旆，以示鼓勵。[73]

現將選民在這三天投票的情形略述於後，以供參考。

就以第一天選民投票的情形來看；以台北市為例，區域國代選舉，分設十個投票區，均附設於當地國民學校及區公所；省職業團體及全國性職業團體投票所，設於中山堂二樓。據中華日報記者報導：全市各投票區，均覺秩序井然，投票人絡繹不絕，並按規定手續進行投票。

公論報記者對第一天投票情形，亦有所報導：「本（台北）市各商店住戶為慶祝我國史無前例的普選，均自動懸旗三天。記者於 21 日上午 11 時隨魏主席、民政廳朱廳長等陪同驅車赴城中、龍山、延平、大同等區投票所巡視時，但見沿街競選標語廣告，至為奪目。各選民扶老攜幼，紛紛於各投票所取出選舉權證，核對名冊，請發選舉票，然後書上或請代書人寫了被選舉人的名字後，慎重地投入票櫃中，且選民中有 80 歲的盲目老翁，纏足的老太婆，和患傷殘及病者均踴躍前往各區投票所投票」。[74]魏主席於延平區永樂國小巡視時，見一年近古稀之老婦人進入投票所，親辦投票手續，主席對之甚感驚異，直認為「此足以反映台省男女同胞對於

---

73 〈台北市選所，訂成績考核辦法〉，《自立晚報》，台北，民國 36 年 11 月 20 日，第 1 版。

74 〈走向民主政治大道，國代大選熱烈開始，選民踴躍投票，秩序相當良好〉，《公論報》，台北，民國 36 年 11 月 22 日，第 3 版。

大選之重視，及對政治之興趣」。[75]

　　高雄地區第一天之投票情形據報載：「早晨 9 時起，分十一個投票所進行，當天氣候晴麗，各選民分赴投票所投票，年老者皆由人扶持著，婦女們有的懷抱嬰兒或手牽小孩，往投此神聖一票者，其中大部分能自寫，間有不識者，則由人代筆，此類代筆一爲口述被選舉人之姓名，一爲隨身帶一被選舉人之名片交人代筆。投票之秩序尚佳，投票所分入口與出口，有監察員、管理員、發票人、警員、代筆處等，票匭係置於中間，許多選民小心翼翼，將選票寫好投入，然後離開」。[76]

　　至於第二天投票情形，亦可由報載得知，以台中市爲例，投票情形，記載如下：

> 今大選第 2 日，男女選民前往投票者，絡繹不絕，較之昨日尤爲踴躍，秩序亦至良好。記者在中區投票所目睹一年 64 之瞎婦，由其女兒扶往投票。南區亦有 3 老翁 2 聾者，由其家屬帶至投票，郊區各投票所正午最爲擁擠。農民因忙於收穫，多利用午餐休息時間趕回投其純潔之一票。[77]

　　基隆市投票情形記載如下：

---

75 〈國大代表選舉第一日，選民踴躍秩序良佳〉，《中華日報》，台北，民國 36 年 11 月 22 日，第 3 版。

76 〈行憲聲中首次大選，各地投票情形熱烈，高雄市扶老攜幼景象動人〉，《中華日報》，台北，民國 36 年 11 月 22 日，第 3 版。

77 〈本省各地大選彙誌〉，《公論報》，台北，民國 36 年 11 月 23 日，第 3 版。

「基隆地區國代選舉，僅紀秋水、李清波2人出馬。
惟競選熾烈，難度極為緊張，昨為普選之第二天，全
市選民較之第一日更為熱烈，全市四萬四千名享有選
舉權市民，迄昨已投票者，將及半數。未投票者，正
準備如何慎選一票，預料最後一天，更為熱烈云。

至於職業團體及婦女體團，全國性之職業團體，因本
市僅葉松濤及蔡星穀兩人出馬，婦女團體本市候選尚
無其人，與地區競爭踴躍情緒，真有天淵之別」。[78]

　　待投票進入第三天時，選戰更加激烈，每位候選人及其
助選員無不使出渾身解數之力，求取票源，由報紙所登載之
消息，可以了解各地區投票之情況。如台北市，第三天投票
情形如下：

延平區投票所，候選人的『助理員』活動最猛烈，記
者下午到場參觀，入場時，計一共收到『鞠躬』二十
三次，『拜託』五十六言，各候選人名片二十七張，
內計黃及時十七張，周延壽九張，高銘鴻一張。記者
茲以為此次收到的名片，是可造成最高記錄，想不到
出來時候，眼看卻被一位中年婦人破了。[79]

而高雄市3位候選人的競爭也很激烈，據報載：「本
（高雄）市選舉今達最高潮，參加區域候選之林迦、

---

78 〈各地選舉情況〉，《台灣新生報》，台北，民國 36 年 11 月 23 日，
　　（4）。
79 〈大選小鏡頭〉，《公論報》，台北，民國 36 年 11 月 24 日，第 3
　　版。

林澄增、楊金虎三氏，以競選已屆最後五分鐘，咸親
自出馬，環巡全市，藉以吸引選民，爆竹與鼓樂之聲
此起彼落，倍感熱鬧，投票數字各區雖未報告，但以
選民踴躍情形觀之，當甚良好，明（24）日上午，將
在市府開始開票」。[80]

花蓮縣投票情形，報載如下：

大選第三日，花蓮細雨霏霏，市民仍多帶雨傘集候投
票場外，婦孺參雜佇立，內有七、八十歲老人，龍鍾
策仗，有瞽目老人，扶童引路，亦有無知婦媼，持候
選人名片請代書，阿眉族同胞則結隊而至，路上呢喃
之聲四起，惟成年知識男子，輒不多見。渠等多彬彬
有禮，規循守法，令人可愛，下午天晴，投票較上午
為眾，……鄉鎮聞以吉野成績最好，全鄉選民六千
餘，前昨兩日投票三千餘人，其他多以鄉民散居頗
遠，故難趨集」。[81]

　　由以上報紙之報導，可以得知，全省各縣市之選舉都很
熱烈的展開，而且各候選人之間競爭也很激烈，而選民參與
投票的熱忱也不在話下，就連英美僑民在台北市中山堂前佇
望參觀時，對選民如此熱烈地參與投票都讚美不已。[82]然記

---

80 〈大選第 3 日，各地競選苦戰均烈，選民投票率約達 7 成〉，《公論
　　報》，台北，民國 36 年 11 月 24 日，第 3 版。
81 〈普選最後階段，各地情形彙誌〉，《台灣新生報》，台北，民國
　　36 年 11 月 24 日，（4）。
82 〈大選第 2 日，省垣投票人數大增，競選宣傳更狂熱〉，《公論報》，
　　台北，民國 36 年 11 月 23 日，第 3 版。

者於採訪投票新聞之際，也遇見多起令人感動的畫面，亦即多位年邁體衰，行動不便之老人，或眼盲失明失聰之長者，均不放棄投票權，前往投票。如：台北市松山區，有 80 歲老翁，兩目失明，由他的孫兒引到投票所寫票。[83]基隆地區，一般遠道鄉人，有徒步數十里或花費數百元車資而投此寶貴之一票者，即使貧苦農家，亦甚少棄權。[84]台南縣曾文區，亦有一選民名陳天助者，年已 74 歲，不顧年邁，步行往返八公里的路程，返回時，因年老體弱，摔倒路旁，被人發現，急報鄉公所。[85]

另，苗栗縣大湖鄉校林村 11 號有一位住民黃姜姊妹，年已八十有五，由其子侄用竹椅改裝坐轎，抬往投票所投票，甚為難得。[86]而高雄市楠梓區有楊頂長、楊和興兩家，有選舉權的家眷，乘家中的牛車從十公里遠的家裡來投票。而屏東縣東港地區亦有婦人乘牛車到投票所寫一票，然後歡歡喜喜地回家去。[87]

由以上記者之報導，我們可以看出，台灣省各縣市之選民是極具熱情的，為了神聖的一票，絕不輕易放棄。

此外，在此次投票過程中，也發生幾件特殊事件，雖對

---

83 〈大選小鏡頭〉，《公論報》，台北，民國 36 年 11 月 22 日，第 3 版。

84 〈本省各地大選彙誌〉，《公論報》，台北，民國 36 年 11 月 23 日，第 3 版。

85 〈本報曾文訊〉，《公論報》，台北，民國 36 年 11 月 27 日，第 3 版。

86 〈本報大湖訊〉，《公論報》，台北，民國 36 年 11 月 24 日，第 3 版。

87 〈本報東港訊〉，《公論報》，台北，民國 36 年 11 月 24 日，第 3 版。

整個選情並無影響，但仍值得提出說明。即台東、澎湖兩縣
及羅東鎮都未能如期完成國代選舉，實因台東縣之火燒島、
蘭嶼兩鄉因海嘯肆虐，對外交通斷絕，無法將選票運往投票
所，經省選舉事務所召開第八次委員會討論之結果，同意該
縣若實無法將選票運往投票所時，可聘請地方公正人士製送
選票，舉行選舉。[88]

　　至於台北縣羅東、太平、南澳等鄉鎮，因遭水災危害，
對外交通斷絕，亦經省選舉事務所第八次委員會決議，投票
日期改至 25、26、27 日 3 天舉行。[89]

　　而澎湖縣則因最近季風強烈，與台灣本島交通斷絕，不
能如期舉行投票，亦經省選舉事務所決定，延至 27、28、29
日 3 天舉行。[90]

　　其次，在投票期間，也發生一件不幸事件，即大選之第
3 日，花蓮縣壽豐鄉米棧村代表胡士坤，協同村民前往鄉公
所投票，途中欲渡河時，不幸遇到急流，船隻翻覆，胡因此
而慘遭滅頂，此乃大選中所發生的不幸事件。[91]

---

88 〈台灣省選舉結果案〉，《內政部檔案》，國史館藏，目錄號：127，
　　案卷編號：546，頁 50。〈蘭嶼自製選票〉，《台灣新生報》台北，
　　民國 36 年 11 月 26 日，（4）。
89 〈羅東昨起投票〉，《台灣新生報》，台北，民國 36 年 11 月 26 日，（4）。
90 〈澎湖縣國代選舉今日開始〉，《公論報》，台北，民國 36 年 11
　　月 27 日，第 3 版。
91 〈台灣省選舉結果案〉，《內政部檔案》，國史館藏，目錄號：127，
　　案卷編號：546，頁 58、59。

四、選舉舞弊與糾紛

中國自民國建立以來，也舉辦過多次選舉，每遇選舉，政府及選務單位均一再要求選務人員、候選人及選民務必要嚴守法令規章，並嚴禁賄選，或操縱選舉等不法之情事發生。甚至特別強調嚴重者將依法究辦。尤其對候選人更是嚴格要求：「各參加競選人員，均應恪遵法令，依循正軌，以爭取選民之同情，不得稍有威脅利誘或其他舞弊情事」。[92]

以此次台灣省行憲國民大會代表之選舉而言，因屬開放自由競選，國民黨中央並未提名任何候選人，是以黨中央的勢力並無直接介入此次選舉，理應公平競爭，乾淨選舉才是，但事情的變化並非如此，不法的事情仍然發生。

張朋園教授在其論著「從民初國會選舉看政治參與」一文中，曾指出：「控制票櫃及賄賂選票，在選舉史上爲兩個不同程度的腐化行爲，權力的取得，如能奮臂攫取，則賄賂亦嫌代價過高，及至不能明目張膽，以武力奪取選票，賄賂始廣爲運用」。[93]是以此次本省國大代表之選舉，最明顯的舞弊事件有二，一爲新竹縣之候選人吳鴻森，一爲婦女會代表候選人鄭玉麗。

---

92 《台灣省政府公報》，冬字第 53 期（台灣省政府秘書處編輯發行，民國 36 年 12 月 3 日），頁 838。
93 張朋園：〈從民初國會選舉看政治參與〉，中華文化復興運動推行委員會主編：《中國近代現代史論集》，第 19 編（台北市：台灣商務印書館發行，民國 75 年 6 月，初版），頁 51。

　　據國史館藏內政部選舉檔案載：新竹縣竹南區選民林庵方等致電選舉總所，請取銷吳鴻森國大代表當選資格一案，實因「台灣省新竹縣區域國大代表選舉吳鴻森，以台幣千餘萬饋遺宴客威脅利誘，並以 228 事件鼓惑人心，排斥外省同胞及久居國內人士，因得最多票數，如准當選，憲政基礎必將動搖，台灣治安大有影響，民心從此丕變，企迅依法執行條例取消其當選資格，以平眾憤，而維法紀，國家幸甚，地方幸甚，新竹縣竹南區林庵方等」。[94]

　　另一不法之事件係婦女團體候選人鄭玉麗，據聞，鄭玉麗曾以生活配給品如米、針線等物引誘、欺騙選民，並暗中收買選票。[95]

　　更嚴重的是婦女會將婦女團體之選舉證交給鄭女士，請她轉發給選民，但她到人家裡，只要求蓋章，卻扣押選舉權證，不予發放，因此整個舞弊案，就赤裸裸地暴露了。[96]

　　當 11 月 21 日投票當天，上午 10 時以前，台北市龍山區許多婦女選民並未領到選舉權證，但當天早上，第一批到中山堂去投票的據說大多數是龍山區的選民，若真如此，這第一批前去投票的，是否是冒名份子，這就值得研究了。[97]

94　〈台灣省選舉結果案〉，《內政部檔案》，目錄號：127，案卷編號：546，頁 41-42。

95　〈短評 ── 鄭玉麗的？〉，《自立晚報》，台北，民國 36 年 11 月 23 日，第 1 版。

96　〈關於婦團選舉糾紛〉，《公論報》，台北，民國 36 年 11 月 23 日，第 3 版。

97　〈重提婦選糾紛〉，《公論報》，台北，民國 36 年 11 月 29 日，第 3 版。

除此之外，據報載，在投票這三天裡，鄭玉麗均備有車子搭載選民去投票，若不搭乘其準備的車子，而欲去中山堂投票的人，均無法獲得選舉權證，若不願選舉鄭玉麗者，也同樣將被褫奪選舉證，這種扣發選舉權證，強姦民意的手段，是否合法？[98]

可笑的是，兩位犯有前科的候選人，竟都當選了，而選舉事務所在事後也未對其做任何處份，當初「答應查辦」、「依法取消當選資格」的口語，而今安在哉？實在令人感到荒唐至極！

雖然這兩人的違法行為嚴重影響了整個台灣候選人的形象，但一般而言，較內陸各省之選舉情況要好太多了。[99]其主要原因就是負責辦理選務工作的行政人員以及所有的台灣選民均能遵奉內政部及選舉總所所頒布的法令規章，尤其是選務人員，「均認為自己負有代表國家推行政令之責，其身份之尊崇，使命之神聖，無與倫比，自應潔身自愛，勤恪奉公，以無負國家付託之重，人民屬望之殷，各該人員務需仰體此意，共矢忠勤，切戒利用職權，圖謀自身及親友競選之便利，以貽伊戚，……」。[100]

至於在選舉糾紛方面，由於在這次的競選活動期間，並未發生重大暴力事件和互相攻訐謾罵之事，致使糾紛問題已

---

98 同前註，《公論報》，台北，民國 36 年 11 月 29 日，第 3 版。
99 同註 72，張朋園：〈國民黨控制下的國會選舉(1947-1948)〉，頁 164。
100 〈大選重典限期迫切，加緊策進達成任務，內政部頒注意事項三點〉，《台灣新生報》，台北，民國 36 年 11 月 14 日，（4）。

降到最低點。所發生的衝突都是因爲競爭太過激烈，兩方候
選人之運動員爲了向選民拉票而發生口角，如在彰化市中山
堂前，雙方運動員即因此而互相吵嘴，後被帶至警察局去解
決，才算平息。[101]22 日晚 7 時，刺桐腳甚至發生運動員打架
事件，一名叫黃枝的運動員還受了傷，被送往基督教醫院治
療。[102]

　　因此，在此次選舉中，所發生的糾紛問題中，較屬嚴重
的是台北市松山區的開票糾紛問題，此乃由於松山區於開票
後的票數與投票前的票數不符，竟短缺了五十一票之多。遺
憾的是台北市長兼選舉事務所主席委員游彌堅趕到會場時，
不但不回答記者的質問，反倒說了一句：「什麼問題都不答
覆」的話。[103]這種不負責任的態度，引起許多民眾的不滿，
尤其是記者們更認爲游市長這句話是蔑視「民意」，違反「民
主」的行爲，當場憤而退場，並討論對付辦法，除各報共同
抨擊這不合理的現象外，亦召開記者聯誼會臨時會議，討論
這「蔑視輿論、違反民意的舉動」。此事也使得南京當局加
以注意，尤認爲台灣省會所在之地竟有如此遺憾之事件發
生，殊爲不幸，民眾方面也希望加以公正之處理。[104]

　　此事以後如何處理則不得而知，但游彌堅本人卻是當選

101 〈大選小鏡頭〉，《公論報》，台北，民國 36 年 11 月 25 日，第 3 版。
102 同前註，《公論報》，台北，民國 36 年 11 月 25 日，第 3 版。
103 〈松山區：少了 51 票〉，《自立晚報》，台北，民國 36 年 11 月
　　24 日，第 1 版。
104 〈關於開票糾紛，當局已加注意〉，《自立晚報》，台北，民國 36
　　年 11 月 25 日，第 1 版。

上全國性教育團體的國大代表。

五、選舉結果

行憲國民大會代表之選舉，於 11 月 23 日下午 5 時圓滿完成投票作業，依照選舉進行程序之規定，投票結束後 10 日內公告當選人及候補人名單，12 月 4 日起，各主管選舉機關呈報當選代表名冊及履歷以及各上級選舉機關發給當選證書。

因此之故，各縣市乃紛紛展開開票工作。台北市則於 24 日上午 8 時起在中山堂當眾開票，市選舉事務所主席委員游彌堅、委員黃鎮荃、黃介騫暨各區長均蒞臨現場，市民前往參觀者亦絡繹不絕，會場氣氛至為緊張。結果，區域候選人以黃及時得票最高，以 52,750 票當選，其次為周延壽，計得 30,507 票。高銘鴻，5,677 票；鄭邦卿 1,357 票；呂永凱 805 票。[105]高雄市於投票完畢後，即將 11 個投票所之票匭貼妥封條，並加鎖集中保管，並於 25 日在市府大禮堂開票。[106]

擁有 47 萬餘投票數的台南縣，亦於 26 日早晨 8 時起分 4 處舉行開票，至 27 日下午 6 時才將全縣票數開票完畢。[107]

---

105 〈台灣省選舉結果案〉，《內政部檔案》，國史館藏，目錄號：127，案卷編號：546，頁 53、54。〈圓滿達成普選任務，國代選舉昨日揭曉，台北市區域黃及時當選〉，《台灣新生報》，台北，民國 36 年 11 月 25 日，（4）。

106 〈高雄、台南兩縣國代選舉揭曉〉，《中華日報》，台北，民國 36 年 11 月 24 日，第 3 版。

107 〈高雄、台南兩縣國代選舉揭曉〉，《中華日報》，台北，民國 36

結果吳三連以 222,663 票當選，楊郭杏也以 28,991 票獲勝。

　　台中市國大代表選舉之開票，於 24 日上午 8 時，在該市中山堂舉行，至下午 4 時統計票數結果，林朝權以 17,259 票當選。林湯盤少 2,073 票落選。[108]

　　高雄縣國大代表選舉之開票，亦自 25 日起一連 3 天，在鳳山鎮中山堂當眾開票，結果余登發以 38,030 票當選。[109]

　　新竹市國大代表選舉之開票，於 24 日上午 9 時，假市府大禮堂當眾開票，計出席陳主席委員貞彬、古委員侃、陳委員建文、卞委員松元、監察員歐陽院長、黃警察局長暨管理員及各報記者，候補人雙方代表及市民等數百人。首由陳市長宣布開票辦法後，採分類計算辦法。開票結果，候選人蘇紹文得 24,251 票；廢票共 481 票，棄權 26 票。茲悉該市計投票選民 3 萬 9 千 5 百 65 人，其投票率達 82%。[110]

　　由於各縣市開票所陸續完成開票作業，是以此次國大代表之選舉，區域代表共選出黃及時等 19 名代表，及職婦團體代表洪火煉等 8 名代表，亦即此次當選代表共計 27 名。現將此次區域代表選舉，各縣市投票情形列表於後，以做比較。

年 11 月 28 日，第 3 版。

108 〈台中市林朝權當選〉，《台灣新生報》，台北，民國 36 年 11 月 25 日，（4）。

109 〈高雄、台南兩縣國代選舉揭曉〉，《中華日報》，台北，民國 36 年 11 月 28 日，第 3 版。

110 〈各地開票即將完畢，當選名單相繼發表〉，《中華日報》，台北，民國 36 年 11 月 26 日，第 3 版。

表 1：台灣省行憲國民大會代表各縣市區域選舉概況表

縣市別＼項目別	選民數	投　票　數			百分比 %	備考
		有效票數	廢票數	投票總數		
台北縣	312,380	203,341	6,467	209,808	67.16	
新竹縣	350,272	290,041	3,100	293,141	83.69	
台中縣	450,731	344,768	6,940	351,708	78.03	
台南縣	575,831	464,495	7,861	472,356	82.03	
高雄縣	280,706	193,754	2,889	196,643	70.05	
花蓮縣	72,197	39,694	639	40,333	55.87	
台東縣	42,050	30,341	120	30,461	72.44	
澎湖縣	34,312	22,945	244	23,189	67.58	
台北市	145,809	91,096	1,150	92,246	63.26	
基隆市	44,002	21,503	477	21,980	49.95	
新竹市	53,729	39,057	481	39,538	73.58	
台中市	53,620	33,045	694	33,739	62.92	
彰化市	27,884	21,771	204	21,975	78.81	
嘉義市	55,138	28,433	385	28,818	52.27	
台南市	72,968	38,487	506	38,993	53.44	
高雄市	58,963	31,311	807	32,118	54.47	
屏東市	44,502	31,657	451	32,108	72.15	
合　計	2,675,094	1925,739	33,415	1,959,154	73.24	

資料來源：內政部，中央選舉委員會編：《中華民國選舉統計提要（35
　　　　　年～76年）》（台北市：中央選舉委員會編印，民國77年6
　　　　　月），頁15。

表 2：台灣省行憲國民大會代表各縣市職業暨 婦女團體選舉概況表

項目別 團體別	選民數	投　票　數			百分比 %	備　　考
		有效票數	廢票數	投票總數		
農　　會	151,783	117,087	5,881	122,968	81.11	
工　　會	10,302	5,293	244	5,537	53.65	
婦女會	2,255	1,556	47	1,603	71.09	
合　　計	164,340	123,936	6,172	130,108	79.17	

資料來源：同表 1，頁 16。

　　由以上所列的表可知，台南縣選民人數最多，有 57 萬 5 千 8 百 31 人，其次是台中縣，選民人數是 45 萬零 7 百 31 人；最少的是澎湖縣只有 3 萬 4 千 3 百 12 人。

　　若以選民之投票率言之，以新竹縣投票率最高，佔 83.69%；台南縣次之，佔 82.03%。投票率最低的是基隆市佔 49.95%；嘉義市次之，佔 52.27%。[111]

　　由此可以看出，投票率低的縣市，其選民未參與投票或棄權的人數也相對增高，如基隆市即有一半以上的選民未參加投票，而嘉義市也將近有一半的選民未參加投票，這或許是當地區里鄉鎮長的勸導不力，[112]亦或受「二二八」事件之

---

111 〈本縣新豐 24 日電〉，《中華日報》，台北，民國 36 年 11 月 25 日，第 3 版。據報載，台南縣國代選舉經已結束，全縣出席投票人數共 475,573 人，佔總數 82.40%，與表 1 所列台南縣投票率 82.03%，相差 0.37%，略有出入。

112 〈寫在選後〉，《中華日報》，台北，民國 36 年 12 月 2 日，第 4 版。

影響。蓋此兩市於「二二八」事件中，有很多當地百姓遭受到槍殺，選民在心理上對政治仍存有陰影，揮之不去，自然影響選民對此次投票的參與感。[113]

再者，我們亦可由報載得知，此次投票，女多於男，且棄權最多的竟是知識份子，尤其是公務員。[114]據公論報記者在基隆採訪一則消息報導：「信義區，投票的人數最少，據說那一區是公務員住宅區，公務員的興趣沒有百姓高」。[115]這或許由於公務員在投票期間仍需上班，無暇前往投票，只有在第三日利用星期日才去投票，但人數仍是有限，且非人人皆會去投票。[116]公論報還有一則消息報導，也可證明知識份

---

113 據調查報告指出，基隆地區自 3 月 8 日至 16 日，遭屠殺者約 2 千餘人。直到 5 月 27 日還發生屠殺。47 年來，基隆地區的受難者家屬獨自承受苦難，面對陰暗，始終把鬱悶壓在深深的心底，有人即使對妻子兒女子孫也不敢提起。見張炎憲等採訪記錄：《基隆雨港 228》（台北市：自立晚報社文化出版部出版，1994 年 2 月第 1 版 1 刷），頁 4-10。

嘉義地區亦復如是，1947 年 228 事件，全台以嘉義市的情況最爲慘烈，民眾與軍隊周旋最久，各地前來支援的隊伍最多，後來被公開槍決示眾的人數和次數也最多。在短短數天內，許多人失去性命，許多家庭墜入不幸深淵，當日慘狀在大部分人心中留下深刻的印象。見張炎憲等採訪記錄：《嘉義北回 228》（台北市：自立晚報社文化出版部出版，1994 年 2 月第 1 版 1 刷），頁 3。

114 〈國大代表選舉甫畢，立委選舉接踵而來，此次普選情形至爲良好〉，《台灣新生報》，台北，民國 36 年 11 月 26 日，（4）。

115 〈大選小鏡頭〉，《公論報》，台北，民國 36 年 11 月 25 日，第 3 版。

116 公務員投票率低的原因，除了在投票期間仍需上班，無暇前往投票外，另一個原因，據報載是外省籍公務員和家屬在台灣雖然已經超過法定的居留時間但仍無從取得選舉權，所以無法前去投票，與此

子的參與感不夠，他以台北市為例，說明此事：「3 日來投
票情形，據某負責人說：『識字階級』和『不識字階級』」
的投票率相差頗遠，請以松山區和城中區為例：城中區多『識
字階級』投票的僅佔 31.7%，松山區多『不識字階級』投票
的卻佔了 89.2%」。[117]而且據報載，這次選舉，「棄權的也
很多，最可注意的是棄權的以知識份子佔多數，這是一個值
得注意的問題」。[118]

　　此外，由表 2 職婦團體投票情形可以看出，投票率最高
的是農會團體，佔 81.11%，但其廢票竟有 5,881 張，似嫌多
了些。而工會團體的投票率最低，只佔 53.65%，幾乎有一半
的工會選民未前去投票。婦女會方面，投票的比率是
71.09%，有 3 人參與競選，最後選出鄭玉麗和林珠如兩位代
表。

　　也有很大的關係。見〈大選中的小鏡頭〉，《中華日報》，台北，
　　民國 36 年 11 月 24 日，第 3 版。
117 〈大選小鏡頭〉，《公論報》，台北，民國 36 年 11 月 24 日，第 3 版。
118 〈大選中的小鏡頭〉，《中華日報》，台北，民國 36 年 11 月 25 日，
　　第 3 版。

第五章　當選代表成分之分析

　　行憲國民大會代表之區域選舉和職婦團體選舉概況，已由表 1、表 2 分別列出，至於當選人之學經歷及年齡、得票數等方面的資料則分別在表 3、表 4 中列出。

表 3：行憲國民大會台灣省區域代表當選人名單

項目別　區域別	台北縣	新竹縣	台中縣	
姓　　名	王民寧	吳鴻森	林　忠	林吳帖
性　　別	男	男	男	女
年　　齡	45	51	34	48
籍　　貫	台北縣	新竹縣	台中縣	台中縣
學　　位	1.北京大學經濟系肄業 2.日本陸軍士官學校二十期工兵科畢業 3.印度蘭伽美國軍官戰術學校受訓	台北醫學專門學校畢業	日本京都帝大肄業	研讀國文十五年

經　歷	曾任中校營長、教官、上校主任教官、隊長、團長、少將團長、處長等	1.新竹縣參議員 2.台灣省參議員	1.國民黨黨部委員 2.台灣廣播電台台長 3.參政員 4.「台灣評論」社社長 5.中央警官學校講師	1.彰化婦女共勵會創立委員 2.霧峰一新會社會部委員
現任職務	省警務處處長	1.國民參政會參政員 2.台灣土地銀行監察人 3.私立中壢醫院院長	參政員	
黨　派	國民黨	國民黨	國民黨	
得票數	180,651	159,406	124,045	3,397
備　註（候選人數）	3 人	5 人	4 人	1 人

台南縣		高雄縣	花蓮縣	台東縣
吳三連	楊郭杏	余登發	劉振聲	陳振宗
男	女	男	男	男
49	38	44	61	56
台南縣	台北市	高雄縣	台東縣	台東縣
1.國語學校畢業。 2.日本東京商科大學畢業	台北第三高等女學校畢業	台南商業專門學校畢業	台灣總督府立國語學校實業部農業科畢業	台灣總督府立國語學校師範部乙科畢業
1.大阪「每日新報社」記者 2.「台灣新民報」東京支局長 3.天津同鄉會理事長 4.合豐行總經理	1.北港鎮婦女會主席 2.台南縣婦女會理事	1.街庄協議會員 2.橋頭村村長 3.高雄水利委員會主任委員 4.信用組合理事	1.台東鎮農業會主席 2.鹽水港製糖株式會社 3.花蓮港製糖主事 4.庄協議會員	1.公學校訓導、教員 2.新報社台東支局長 3.廳協議會員 4.縣農會理事長
天津合豐行總經理	1.北港鎮婦女會主席 2.台南縣婦女會理事	高雄縣橋頭鄉鄉長	1.花蓮港糖廠副廠長 2.花蓮縣參議會議長	台東縣參議會議長
	國民黨		國民黨	國民黨
222,663	28,991	38,032	13,610	7,316
5 人	2 人	7 人	4 人	8 人

澎湖縣	台北市	基隆市	新竹市	台中市	彰化市
謝掙強	黃及時	李清波	蘇紹文	林朝權	呂世明
男	男	男	男	男	男
34	46	36	45	42	46
澎湖縣	台北市	基隆市	新竹市	台中市	彰化市
1.日本慶應大學肄業 2.中央訓練團黨政班第十八期畢業	日本國立東京商科大學畢業	中央陸軍軍官學校第 8 期步科畢業	1.北京大學預科肄業 2.日本陸軍士官學校砲科畢業	1.日本體育專門學校畢業 2.東京法政大學畢業	日本早稻田大學政治經濟科畢業
1.台灣義勇總隊駐渝辦事處主任 2.中央黨部專員 3.新竹縣接管委員 4.台南縣新化區區長	1.三菱公司支店長代理 2.台北縣進出口商公會理事長 3.貿易商榮隆行經理	1.陸軍中校連營長、上校參謀主任 2.三民主義青年團台灣支團基隆分團主任	1. 中 央 軍校、砲兵學校、防空學校教官、砲兵團附、砲兵科長 2.中訓團教官 3.台灣警備司令部處長、副參謀長	1.台南長榮中學校教員 2.國立台灣大學講師 3.國光電訊社台灣支社長	1.台中州州議會議員 2.台中州自動車運輸株式會社取締役社長
台 南 縣 虎尾區區長	貿 易 商 榮隆行經理	三 民 主 義青 年 團 台灣 支 團 視導	台 灣 省 全省警備司令部少將副參謀長	台 灣 省 體育 會 總 幹事	1.彰化市參議員 2.彰化市汽車客運股份有限公司董事長 3.台灣省汽車商業同業公會理事長
國民黨		國民黨	國民黨	國民黨	國民黨
21,548	52,750	14,326	24,807	17,259	16,431
2 人	3 人	2 人	2 人	3 人	2 人

嘉義市	台南市	高雄市	屏東市
劉傳來	連震東	楊金虎	張吉甫
男	男	男	男
48	44	50	50
嘉義市	台南市	台南縣	新竹縣
1.台北醫學專門學校畢業 2.日本東京醫專畢業、醫學博士	日本慶應大學經濟系畢業	1.台北醫學專門學校畢業 2.日本醫科大學畢業	國語學校師範部畢業
1.嘉義市北區區長、農業職業學校校長 2.台灣省參議員	1.軍事委員會國際問題研究所少將組長 2.台北縣長 3.制憲國民大會代表 4.「台灣經濟月刊」發行人	1.台灣民眾黨中央執行委員 2.高雄市教育委員、衛生委員 3.高雄市參議員	1.屏東市黨部消費合作社理事長 2.「國聲報」屏東分社主任 3.公學校訓導 4.「台灣工商新報社」專務 5.新高化學株式會社專務 6.國民黨台灣省黨部執委
1.台灣省參議員 2.醫師 3.嘉義建築信用利用組合理事	1.台灣省議會祕書長 2.制憲國民大會代表	高雄市仁和醫院院長	屏東市參議會議長
	國民黨		國民黨
19,000	22,169	11,838	14,504
4 人	4 人	3 人	4 人

資料來源：

1.　卜幼夫：《台灣風雲人物》（香港：新聞天地社，民國 51 年 7 月初版）。

2.　台灣新民報社調查部編：《台灣人事鑑》（台北市：台灣新民報日刊一週年紀念出版，昭和 9 年 3 月 25 日發行）。

3.　〈台灣省選舉結果案〉《內政部檔案》，國史館藏，目錄號：127，案卷編號：546。

4.　民族文化出版社編輯委員會編輯：《自由中國名人實錄》（台北市：民族文化出版社，民國 42 年 4 月初版）。

5.　李筱峯：《臺灣戰後初期的民意代表》（台北市：自立晚報社文化出版部，民國 76 年 6 月，3 版）。

6.　東南文化出版社編輯委員會編輯：《南台灣人物誌》（台中市：東南文化出版社，民國 45 年 12 月 20 日出版）。

7.　吳三連口述，吳豐山撰記：《吳三連回憶錄》（台北市：自立晚報社文化出版部，民國 80 年 12 月，第 1 版 1 刷）。

8.　徐有春主編：《民國人物大辭典》（河北人民出版社出版，1991 年 5 月第一次印刷）。

9.　許雪姬總策畫：《台灣歷史辭典》（台北市：行政院文化建設委員會發行，2004 年 5 月 18 日，1 版 1 刷）。

10.　章子惠編：《台灣時人誌》，第 1 集（國光出版社，民國 36 年 3 月出版）。

11.　連震東：《震東八十自述》（台北市：台灣中華書局，民國 72 年 4 月出版）。

12.　楊舜主編：《中國台灣名人傳》（台北市：中華史記編譯委員會編纂，民 50 年 6 月 21 日再版）。

13.　楊金虎：《七十回憶》（台北市：龍文出版社股份有限公司，民國 79 年 5 月 1 日初版）。

14.　應大偉：《台灣女人》（田野影像出版社，1996 年 7 月初版）。

表 4：台灣省行憲國民大會職業暨婦女團體代表當選人名單

項目別　團體別	農　　會		
姓　　名	洪火煉	謝文程	洪元煌
性　　別	男	男	男
年　　齡	60	46	64
籍　　貫	台中縣	台北縣	台中縣
學　　歷	1.草鞋墩公學校畢業 2.漢文書房五年	台北師範學校畢業	草鞋墩公學校畢業
經　　歷	1.臺中州協議會員 2.台灣省農會理事 3.台中縣農會理事長 4.台灣省合作事業 　管理委員會常務 　委員 5.合作金庫公股理事 6.制憲國民大會代表	1.街協議會員 2.教員 3.新莊鎮鎮長 4.台北縣農會理事長 5.「台灣新民報」 　社新莊郡駐在員	1.草鞋墩信用組合 　監事、理事 2.州會議員 3.民眾黨中央常委 4.文協專務理事 5.自治聯盟理事 6.「台灣新民報」 　社監察役（監事） 7.「台灣新民報」 　社相談役（顧問）
現任職務	1.臺灣省參議員 2.制憲國民大會代表	台北縣議會議長	1.台中縣參議員 2.台中縣農會理事長
黨　　派		國民黨	
得票數	48,602	33,646	27,393
備　　註 （候選人數）	3　人		

工　　會			婦　女　會	
陳紹平	陳天順	蔡石勇	林珠如	鄭玉麗
男	男	男	女	女
41	44	34	31	26
台北市	台南市	台北縣	台中縣	新竹縣
日本東北帝國大學畢業	中學畢業	中學畢業	彰化女中畢業	1.台北第三高女畢業 2.日本早稻田大學校外經濟科畢業
1.製藥廠長 2.造紙廠長	1.台灣民眾黨中央農工委員 2.工友總聯盟台南區主席 3.台南市總工會理事長	1.台北縣總工會理事長 2.永昌煤礦總經理 3.基隆水利委員會主任委員	臺中縣婦女會理事	1.教員 2.總督府農務課 3.台灣糧食管團 4.三青團台北市婦女大隊長
長官公署工礦處監理委員	台南市參議員	台北縣議員	私立萊園中學常務董事	台北市婦女會常務理事
		國民黨		國民黨
1,775	1,355	1,277	726	469
4　人			3　人	

資料來源：同表 3。

　　為便於對新當選代表有進一步之了解，乃依所列代表之資料，分別就性別、年齡、教育背景和經歷等項分別加以說明並分析之。

第一節　性　別

　　此次行憲國民大會代表之選舉，台灣省共選出 4 位婦女代表。由於在制憲國民大會代表選舉時，只選出了 82 位女性代表，而這些婦女代表在制憲大會上也一再要求政府重視婦女權益，原本堅持非把「婦女當選名額至少應佔 20%」列入憲法之內，後經協調，乃修正為現今憲法之第 134 條之條文：「各種選舉，應規定婦女當選名額，其辦法以法律定之」。亦即希望政府今後在制定各種選舉法時應特別注意婦女代表名額，逐漸達到 20%的比例。[1]但在此次國大代表選舉時，一如往常，各省代表名額的分配，並未按此比例分配。後國民政府為解決原定名額之不敷分配，乃在 36 年 9 月 29 日，重新修正並公布名額分配辦法，在所公布的辦法中，各省除原先所已分配之代表名額外，各省均獲增加數目不等之代表名額，但規定必須選出若干婦女代表。[2]台灣省即在此情況下，

1　李南海：〈制憲時期婦女爭取代表名額始末－以國民大會代表之選舉為例〉，頁 184、185。

2　〈制定國民大會代表名額分配表〉，《國民政府公報》，第 2875 號，民國 36 年 7 月 12 日，頁 1。

獲增兩名婦女代表名額，分別在台中、台南兩縣選出。因此之故，台灣省至少可選出兩位女性區域代表。

此外，在婦女團體方面，規定由婦女會選出兩位代表，是以此次行憲國民大會，台灣省至少可選出 4 位婦女代表。如此，較之於制憲時期，台灣省只有 1 位婦女保障名額多出了 3 位。

在選出的這 4 位婦女代表中，以鄭玉麗的學歷最高，除了畢業於台北州立第三高女外，復東渡日本留學，畢業於早稻田大學校外經濟科，並曾擔任國小教師。[3]另，林吳帖自行研讀國文 15 年外，林珠如畢業於彰化女中；而楊郭杏亦畢業於台北州立第三高女。而台北州立第三高女可說是台灣省女權運動的搖籃，自光復初期以來，在政壇上表現傑出的婦女代表均畢業於此校，如當選首屆監察委員和第三屆台灣省婦女會理事長的李緞及當選第一、二兩屆省婦女會理事長、制憲國民大會代表及立法委員的謝娥；當選此次行憲國民大會代表的楊郭杏、鄭玉麗以及後來也當選監察委員的林蔡淑，國大代表的鄭玉尾、鄭李足等均畢業於該校。[4]

這 4 位婦女代表，除了林吳帖外，其餘 3 人均擁有中等教育[5]以上的學歷，且 4 人在地方上均擔任婦女會理事或理事

3 章子惠編：《台灣時人誌》，第 1 集，頁 223。
4 應大偉：《台灣女人》，頁 31。
5 在日據時期，台灣中等教育概括地分為 3 部分：一是中學教育（如台北第一中學、台中一中、彰化中學校、台南二中、台北第一高等女學校、台北第三高等女學校、台南第一高等女學校等）；二是職業教育，其中以職業學校為主，（如台北工業學校、宜蘭農林學校、高雄商業

長要職，對婦運工作的推展，不遺餘力。如林吳帖，在少女時期曾與友人組織台灣本土第一個婦女團體「彰化婦女共勵會」，其後進入彰化高女手工藝科當講習生。民國 21 年林獻堂長子林攀龍創立「霧峰一新會」，而林吳帖自嫁與霧峰林家為林資樹的繼妻後，即入會擔任社會部委員，負責手工藝教學與演講庶務等工作，在該會每週定期舉行的「日曜講座」上曾發表 11 回演講，是一新會中最著名的女講員。此外，並深入霧峰各地，鼓勵婦女與她一起加入社會服務。之後參加台中市婦女會，連任兩屆會長，任內致力於籌建新會館及保障婦女權益，成為台中地區知名的婦女領袖。[6]

　　因此，這些婦女代表，在當地風氣尚趨保守，以男性為主的時代，能夠挺身而出，為婦女同胞爭取權益和福利的精神，實令人感佩。而這批新時代女性，在戰後能有如此傑出的表現，自然與其所受教育有關。受教育對女性地位的提升具有舉足輕重的影響，尤其是受過中等以上教育或留學教育的女性，較有躋身社會菁英的機會。[7]

學校等）。第三是大學先修教育，包括兩所學校，一是台北高等學校；另一個是台北帝國大學的預科。見汪知亭：《台灣教育史料新編》（台北市：台灣商務印書館股份有限公司發行，民國 67 年 4 月初版），頁 56。

6 許雪姬總策畫：《台灣歷史辭典》，頁 476、477。

7 游鑑明：《日據時期台灣的女子教育》（台北市：國立台灣師範大學歷史研究所專刊（20），民國 77 年 12 月初版），頁 243。

第二節　年　齡

　　依此次行憲國民大會代表選舉罷免法之規定，候選人之推選，需年滿 23 歲。由表 3、表 4 所列當選人之年齡均在 23 歲以上，表中所列之年齡係民國 36 年當選之年齡，最年輕者係鄭玉麗，年僅 26 歲。[8]最年長者係洪元煌，計 64 歲。一般學者作年齡之分析，係採 5 歲爲一組的分組觀察法來統計，現將此次當選之 27 位代表，依其不同的年齡層，分別加以分類統計，並列表於後，以供參考。

表 5：台灣省當選代表年齡分類統計表

項目別＼年齡級	26 ∫ 30 歲	31 ∫ 35 歲	36 ∫ 40 歲	41 ∫ 45 歲	46 ∫ 50 歲	51 ∫ 55 歲	56 ∫ 60 歲	61 ∫ 65 歲	合計
當選人數	1	4	2	7	8	1	2	2	27
所佔分百比%	3.70 %	14.81 %	7.40 %	25.93 %	29.63 %	3.70 %	7.41 %	7.41 %	100 %

　　由以上所列之表可知，若以 41～50 歲這一年齡層觀察之，則人數最多，共有 15 人，所佔的比例爲 55.56%。根據

---

8 初入議院年齡若多不超過 35 歲，並不是一個可喜的現象，因年輕人缺乏政治經驗，往往用革命時的激烈手段處裡政務，操之過急，以致於賈事。張朋園：〈從民初國會選舉看政治參與〉，頁 59、60。

法國的政治學家 Mattei Dogan 之研究，認為入議院之最佳年齡在 45 歲左右，此時正值一個人的壯盛之年，心智皆已成熟，[9]不但富有朝氣，而且正是發展自己才華和貢獻智慧的最佳時機。至於 56 歲至 65 歲的代表總共只有 4 位，這確實是一可喜的現象，蓋 60 歲以後進入議院者其目的多不在政治。[10]若與台灣省在民國 35 年所選出的縣市參議員或省參議員相比，亦可看出在 41～45 歲或 46～50 歲者都是人數最多，所佔比例最高的年齡層；60 歲以上所選出的議員人數都很少，這是不爭的事實。[11]甚至台灣省在制憲國民大會代表選舉時，當選代表的年齡層也多集中在 41～49 歲之間。[12]因此，就整體而言，這次台灣地區所選出的代表，年齡均屬壯年期，未呈老化現象。

第三節　教育背景

在民國 36 年所選出的行憲國民大會代表，與前一年選出的制憲國民大會代表，僅相差一年。這些代表，可說都是在日本統治期間，在台灣本島或島外接受教育的，因此兩者之

9　M. Dogan, "*Political Ascent in a Class Society*: French Deputies, 1870-1950", in Marrick, pp. 57-90。轉引自張朋園：〈從民初國會選舉看政治參與〉一文，頁 60。

10　同註 8，張朋園，前引文，頁 60。

11　李筱峯：《臺灣戰後初期的民意代表》，頁 76-79。

12　李南海：〈台灣省制憲國民大會代表之選舉〉，頁 1316。

情形有許多地方都是相似的。

　　由表 3 和表 4 可以得知，這 27 位代表，除了林吳帖自行研讀國文 15 年和農會團體所選出的洪火煉、洪元煌兩人只有公（小）學校畢業的學歷外，受過中等教育的有婦女代表的楊郭杏、林珠如之外，尚有劉振聲、陳天順和蔡石勇 3 人。受過師範教育的有陳振宗、張吉甫、謝文程 3 人。其他 16 位代表均受過高等教育（包括大學教育和專科學校教育）。此 16 位代表中尚有 14 人留學國外（包括軍事學校）。尤其自 1907 年以降，出國留學已漸漸形成一股風氣，且人數急劇增加[13]，實乃因在「殖民統治下，台灣的教育長期欠缺完備的制度及充分且公平的教育機會」，加上時代潮流之刺激，故日據時期留學呈日漸蓬勃之勢。[14]

　　當時留學的地區略可分為日本、中國大陸和歐美等 3 地區，但一般而言，赴日本留學的學生還是佔絕大多數，因為到日本留學無論在語言、交通及其他因素等方面均較赴其他地區為方便。[15]當時赴島外求學的教育等級，主要是以高等教育為主，連同在島內接受高等教育的 16 人，佔所有代表人數的 59.25%，較前一 （民國 35）年 4 月 15 日，台灣省所選出的省參議員中赴海外留學的 55.32%略高一些。但較制憲

---

13 吳文星：《日據時代台灣社會領導階層之研究》（台北市：正中書局發行印刷，民國 81 年 3 月，臺初版），頁 119。
14 同前註，吳文星，前引書，頁 118。
15 同前註，吳文星，前引書，頁 118。

國民大會代表的 77.77%要少許多。[16]

　　此外，在這 14 位留學外國的代表中，只有李清波 1 人真正留學於中國大陸，他畢業於中央陸軍軍官學校第 8 期步科，官至上校參謀主任。來台後，擔任三民主義青年團台灣支團視導，基隆分團主任等職。王民寧和蘇紹文曾短期在北京大學就讀過，後均離開北大赴日本士官學校就讀。蘇紹文曾就讀北京大學預科，列名軍事家蔣百里、黃郛二氏門下。[17]而王民寧就讀北京大學經濟系，兩人均放棄北大學業，赴日本士官學校就讀。32 年 12 月，奉派至印度蘭伽，入美國軍官戰術學校受訓。[18]這也可以說是本次所選出的代表中唯一赴中國大陸和日本以外的國家接受教育的代表。此外，別無他人赴第三國留學。

　　其他如林忠、謝掙強兩人雖赴日本留學，但並未畢業。而劉傳來和楊金虎則是赴日本留學，學習醫學，和島內之吳鴻森等 3 人都是懸壺濟世的醫生。鄭玉麗是唯一赴日本留學的女性代表，畢業於日本早稻田大學校外經濟科，連同林朝權、吳三連、黃及時、呂世明、連震東等 5 人，均為赴日本學習法政類和商業經濟類科者。

　　最後一位陳紹平，由於資料有限，僅知其畢業於日本之東北帝國大學，至於學習何種學科，不得而知。

---

16 同註 12，李南海，前引文，頁 1316。
17 國史館編：《國史館現藏民國人物傳記史料彙編》，第 16 輯（台北縣：國史館編印，民國 87 年 2 月初版），頁 596。
18 楊舜主編：《中國台灣名人傳》，頁 11。

　　歸納以上 16 位受過高等教育的代表，可以得知，習醫和師範類者各有 3 人，學習軍事的也有 3 人。學習法政類科者雖只有 1 人，但學習政經商業類科者有 5 人之多。因此我們可以看出，學習商經科的人數逐漸增多，有逐漸竄升的趨勢，且留日學生中，無 1 人學習師範教育者，此次選上的 3 位師範出身的代表均係早期在台灣本島所受的教育。但不可否認的是台灣地區在戰後初期地方級之民意代表仍以出身醫科和師範類者爲最多，實因在日據時代，台北醫專和台北師範學校聚集了全島的精英份子，不僅是培養專業人才的機關，同時也是孕育台灣社會領導階層的搖籃。[19]每年由此兩學校畢業的校友也最多，在地方上自然形成兩大勢力，是以這兩類畢業的校友當選地方民意代表的也最多。[20]

　　但此次所選出的行憲國大代表和去（35）年所選出的制憲國大代表，相同之點是省級以上之選舉（包括省參議員、中央級代表等），除了醫科類之外，法政類和商經類的代表也增多不少。這是由於問政層次提高了，議會也需要具有專業知識的代表才行，是以法政、商經類科出身者當選代表的機率也逐漸增大。相對的師範類出身的代表在這一層級中就大爲減少。

---

19 吳文星：《日據時期台灣師範教育之研究》（台北市：國立台灣師範大學歷史研究所專刊（8），民國 72 年 1 月初版），頁 2。
20 同註 11，李筱峯，前引書，頁 99、100。

第四節　經　歷

　　此一經歷之分析，係以當選代表前和當選時所從事過之職業爲主，在時間上係指自日據時期至光復後當選代表時止。

　　在此 27 位當選代表中，王民寧、李清波、蘇紹文曾服務於軍旅，但此次選舉，真正以軍人身分參與競選的，只有蘇紹文 1 人。王民寧在競選前即已轉任省警務處處長；李清波則於選前即已擔任三民主義青年團台灣支團視導。由表 3、表 4 所列代表之學經歷一欄，略可將此 27 位代表之經歷歸納爲公職人員、文化界、工商企業界、農漁水利等組合事業、醫生、教師、社會服務團體、軍職、黨務工作等 10 類。現將此 27 位代表就其曾擔任過的職務列表於後，並加以說明，以供參考。

表 6：台灣省行憲國民大會當選代表職業分類表

職業別＼項目別	姓　　　名	人　數
公　職	王民寧、余登發、劉振聲、謝掙強、劉傳來、連震東、陳紹平、謝文程、楊金虎、鄭玉麗。	10
文化界	林忠、吳三連、陳振宗、連震東、張吉甫、謝文程、洪元煌。	7
工商企業界	吳鴻森、吳三連、黃及時、林朝權、呂世明、張吉甫、洪火煉、陳紹平、蔡石勇。	9
社會服務團體	林吳帖、楊郭杏、吳三連、林朝權、鄭玉麗、林珠如。	6
農漁水利合作事　業	余登發、劉振聲、陳振宗、劉傳來、張吉甫、洪火煉、謝文程、洪元煌、蔡石勇。	9
醫　生	吳鴻森、劉傳來、楊金虎。	3
教育界	林忠、陳振宗、林朝權、劉傳來、張吉甫、謝文程、鄭玉麗、林珠如。	8
議　員	吳鴻森、林忠、余登發、劉振聲、陳振宗、呂世明、劉傳來、楊金虎、張吉甫、洪火煉、謝文程、洪元煌、陳天順、蔡石勇。	14
軍　職	王民寧、李清波、蘇紹文、連震東。	4
黨　務	林忠、謝掙強、李清波、楊金虎、張吉甫、洪元煌、陳天順、鄭玉麗。	8

一、公職人員

此處所謂的公職人員，純粹指曾在日據時期任職日本總督府和國民政府機構內之各種高低層的公務人員，不包括日據時期和光復初期曾擔任街庄州協議員和省縣市參議員等之人士。此等民意代表擬在議員類中加以分析說明，此處不擬多述。

此次所選出的行憲代表中，曾擔任公職的有 10 人，這10 位曾任公職的代表，在當選之前，以王民寧、劉振聲、連震東等 3 人的官職較高。王民寧，前曾述及，係軍人出身，在抗戰期間，即官拜少將。台灣光復後，隨政府來台接收，後轉任省警務處長，此次選舉是以警務處長的身份參加競選。

劉振聲畢業於日據時期總督府立國語學校實業部農業科，祖籍台東，但因在花蓮糖廠任職過，且當時正任職花蓮縣參議會議長，故參加花蓮縣之選舉，在地方上有其既定的支持者，獲得 1 萬 3 千餘票而當選。

連震東於台灣光復後，奉命返台接管台北州，35 年因改縣後奉派出任縣長，復任台灣省參議會秘書長，同年 11 月曾當選制憲國民大會代表。[21]

此外，余登發是以典型的在地人身份來參選的，世代務農，既無顯赫的家世，又無較高的官職，能夠當選，不但對後來的從政之路大有幫助，且和政治結下不解之緣。

---

21 連震東：《震東八十自述》，頁3。

　　余登發自台南商業專門學校畢業後，即服務鄉梓。日據時期，曾當選街庄協議會員，並兼任信用組合理事。光復後復當選第 1 任橋頭村村長，對地方建設貢獻良多。[22]

　　由於長時間的經營地方，奠定良好的人脈關係和基礎，自然容易獲得鄉親的認同和支持而獲當選。

　　至於楊金虎，日據時期畢業於台北醫學專門學校，後赴日本醫科大學深造，畢業後返回台灣開設仁和醫院，其後參加台灣文化協會和台灣民眾黨。台灣光復後曾當選首屆高雄市議會議員，[23]「二二八」事件中曾遭到逮捕，後判緩刑，得以參選，而獲當選。

　　謝文程係由農業團體選出之國大代表，自台北師範學校畢業後，便獻身服務於桑梓達數 10 年之久，未嘗離開家鄉一步。因此累積了相當的人脈，台灣光復後，謝氏從基層的新莊鎮長幹起，進而由區長而縣農會理事長，而縣參議會議長。[24]由於長期經營地方，建設地方，功不可沒，因而順利當選之。

　　另，謝掙強早年留學日本慶應大學，未及畢業即返國參加抗日工作，抗戰勝利，台灣光復後，奉派來台灣參與接收工作，出任台灣省行政長官公署新竹縣接管委員，後任台南縣新化區區長，虎尾區署區長等職，後再任台南縣政府主任

22　東南文化出版社編輯委員會編輯：《南台灣人物誌》，頁 2。
23　楊舜主編：《中國台灣名人傳》，頁 30。
24　卜幼夫：《台灣風雲人物》，頁 211。

秘書，不久後又轉任嘉義市市長。[25]此次參與競選，當選澎湖地區的國大代表。

　　而嘉義市所選出之國大代表係劉傳來，係醫師出身，自民國 34 年以後除從事醫療業務外，並積極參與政治，以擴大爲人服務的機會。其所擔任過唯一的公職是嘉義市北區區長，並當選嘉義市參議員、台灣省參議員以及此次行憲國民大會代表，擔任民意代表前後長達 50 餘年，非但爲民喉舌，抑且致力台灣各地建設，改善農村生活及糧食政策等。[26]

　　鄭玉麗是唯一在光復前後均服務過公職的女性代表，日據時期曾任新莊國民學校教職一年，旋入前台灣總督府鏡檢員講習所，結業後入總督府農務課，任職五年半，嗣轉臺灣糧食營團，供職一年半。抗戰勝利，台灣光復後，鄭玉麗乃投身於婦女會之工作。迨本省各級民意機構建立，膺選爲台北市大同區區民代表，並任中國國民黨台北市婦女運動委員會委員。[27]此次選舉，復當選行憲國民大會代表。是以鄭玉麗在光復前後均曾擔任過公職，之後再無從事過任何公職。

　　至於陳紹平是工會團體所選出的代表，由於資料欠缺，對其無法詳加說明，僅知其早期擔任製藥和製紙廠廠長，當選代表前任職長官公署工礦處監理委員。

　　以上係針對具公職身份之 10 位代表所做的論述，佔整個

---

25 許雪姬總策畫：《台灣歷史辭典》，頁 1298-1299。
26 國史館編：《國史館現藏民國人物傳記史料彙編》，第 2 輯（台北縣：國史館編印，民國 78 年 3 月初版），頁 518。
27 章子惠編：《台灣時人誌》，第 1 集，頁 223。

當選代表的 25.92%，較之制憲時期所選出 5 位同樣具公職身份代表的 27.77%少將近兩個百分點。

二、文化界

　　依李筱峯教授所著《臺灣戰後初期的民意代表》一書中對「文化人」一詞的解釋是泛指一切與從事文化事業有關的人，包括新聞記者、編輯人員、報紙雜誌的發行人或董監事、作家、詩人等等。[28]

　　依此解釋，至 36 年行憲國大選舉時，符合此一要求的代表共有 7 人，他們所服務的報刊，有的創辦於日據時代，如台灣民報、台灣新民報、每日新聞等，有的在戰後才創辦的，如台灣評論、台灣經濟月刊等。之所以有如此多的知識份子投入新聞行列，實乃由於台灣在日據時代，新聞事業已略有成就，許多知識份子遂從事於新聞工作或寫作生活，且創辦刊物亦爲當時政治社會運動的手段之一，民意代表中，便有多人屬「台灣民報」的同仁。尤其在戰後初期，由於解放於一時，各種報刊雜誌亦似雨後春筍般地出現，知識份子亦思藉此社會公器以圖有以表現。[29]

　　由於有些民意代表的投入，自然對文化事業的推展頗有貢獻。但我們由表 3、表 4 所列之名冊亦可以看出，這 7 位民意代表多擔任報社社長或編輯或發行人或報社顧問等職務，尚未看出有代表是詩人或作家的。

---

28 同註 11，李筱峯，前引書，頁 118。
29 同前註，李筱峯，前引書，頁 119。

三、工商企業界

　　此工商企業界包括的範圍有工、商、礦等各種實業主，以及大小公司行號的經營者。由表 6 的職業分類表之工商企業界一欄中可以得知，有 8 位代表曾在工商企業界服務過，然此 8 位代表中，林朝權曾擔任國光電訊社台灣支社長，由於資料記錄稍嫌簡略，對此一職務不甚了解外，其他如吳鴻森和洪火煉只是該金融機構之監察人或理事；張吉甫只是該公司之專務，而陳紹平雖曾經當過製藥廠、製紙廠廠長，但應非其自行設廠，只是應聘擔任之而已。因此真正自行投資經營企業的，亦即擁有資產，且靠資產從事經濟活動的人應只有吳三連、黃及時、呂世明 3 人屬之。

　　吳三連曾於民國 30 年在平津開設合豐貿易行，經營雜貨和染料生意[30]，直到台灣光復後的第 2 年才返回故鄉。黃及時本身即是貿易商，擔任榮隆行經理，參加此次競選，花費大筆競選費。此兩人屬於小型公司行號之小老闆。而呂世明則與前兩者不同，不但是地方上之望族，且是彰化汽車客運股份有限公司董事長，真正屬於企業主。[31]然而，這些行憲國民大會代表較之制憲時期所選出的台灣省工商企業代表如顏欽賢、吳國信、陳啓清、紀秋水在工商企業界的名望和地

---

30 吳三連口述，吳豐山撰記：《吳三連回憶錄》，頁 98。另，卜幼夫：
　　《台灣風雲人物》，頁 27，亦有如此之記載。
31 國史館編：《國史館現藏民國人物傳記史料彙編》，第 10 輯（台北縣：國史館編印，民國 83 年 2 月出版），頁 128。

位仍要略遜一籌。[32]

　　然不論是制憲時期或行憲時期，這些具有該企業集團之理事長或董事長頭銜的代表們，由於擁有一定的聲望和地位，所以和一般小型公司行號之小老闆是不同的。他們為求保住自己既有的財產和權益，基本上對當政者採取妥協的態度，因此這些代表們在日據時期從未見其參與任何社會、文化和政治方面的活動，可說是日本殖民體制下的良好順應者。

四、社會服務團體

　　此處所謂社會服務團體，乃是指這些代表在當選前所從事的工作均屬社會服務性質，與政治毫無關係。屬於此一類之代表共有 6 位，除 4 位婦女代表外，尚有吳三連、林朝權兩位男性代表。

　　婦女代表在當選之前均參加該地區之婦女會組織，如林吳帖，在嫁入霧峰林家為媳婦前，即與友人成立台灣本土第一個婦女團體——「彰化婦女共勵會」，其後在「霧峰一新會」成立後，負責手工藝教學和演講庶務等工作，直到當選行憲國民大會代表後，仍努力不輟，並致力籌建新會館和保障婦女權益，不餘遺力。而楊郭杏亦曾擔任北港鎮婦女會主席、台南縣婦女會理事。林珠如則擔任台中縣婦女會理事，這兩位代表因現有之資料有限，無法多予論述。倒是台北縣

---

32 同註 12，李南海，前引文，頁 1320、1321。

的鄭玉麗，於台灣光復後，曾領導青年婦女，組織三民主義青年團服務隊，任大隊長，並發起組織台北市婦女會，當選為台北市婦女會理事，後又聯絡各地婦女會，發起組織台灣省婦女會，膺選為台灣省婦女會理事。[33]至於吳三連於平津經商時，在天津成立同鄉會，並擔任理事長，在中日戰爭結束後協助滯留平、津台灣同胞三千餘人盡速返台，貢獻良多。[34]而林朝權因曾畢業於日本體育專門學校，在當選代表前擔任台灣省體育會總幹事，對體育活動的推廣貢獻卓著。

五、農漁水利合作事業

在此次所選出的行憲國民大會代表中，有 9 人具有農漁水利產業組合的身份。

抗戰勝利，台灣光復後，政府即將日據時代之農漁產業組合改組為農會、漁會和由農會或信用組合改組成的信用合作社。而此次所選出的行憲國大代表，由表 3、表 4 當選人名冊之經歷欄中可以看出這 9 位代表在該縣市農、漁水利會社團體裡擔任理事長一職。早在清宣統元年（1909），日本人即將各地農會改組為法人團體，人民凡有田園、牧場、山林、原野、及經營農林業者，均須加入農會為會員。因此，做為農會組織中重要幹部的民意代表，必然多為擁有田產的

---

33 林吳帖之個人資料可參看許雪姬總策畫:《台灣歷史辭典》，頁 476、477。林珠如資料闕如；鄭玉麗則可參看章子惠編：《台灣時人誌》，第 1 集，頁 223。

34 吳三連口述，吳豐山撰記：《吳三連回憶錄》，頁 106。

地主，[35]而這些地主自己本身也是該農會團體的會員，與農會團體保持密切的關係，自然容易當選理事長。一旦當上理事長後，即運用既有的聲望和財富很容易當選上民意代表。所以一直到今日，農漁會團體都是各項選舉時各候選人所必須掌控的團體，畢竟這裡擁有廣大的票源。

此外，我們亦可得知，此 9 位具農漁會社身份的代表，佔所有 27 位當選人中的 33.33%、較之制憲代表 18 人中，只有 4 人具此身分的 22.22%的比例要高出許多，足以說明具有農漁等合作事業之理事長頭銜，且又擁有財富，是較容易使他們在政壇上佔有一席之地。且此 9 位代表，多集中於中部以南之各縣市，這也反映出台灣省地方政治人物有其傳統來自土地的草根性，而中央的菁英份子，則大抵較不具這樣的特性。[36]

六、醫　生

在此次所當選的國大代表中，出身醫界的僅有 3 人，分別是吳鴻森、劉傳來和楊金虎等 3 人。

此 3 人均畢業於台北醫學專門學校，其後劉傳來和楊金虎分別赴日本東京醫專和醫科大學深造。

吳鴻森於台北醫學專門學校畢業後，任職於赤字社醫院，之後即返鄉開設中壢醫院。台灣光復後，獲選第一屆省參議會參議員，再當選國民參政員。36 年當選此次行憲國民

---

35 同註 11，李筱峯，前引書，頁 117。
36 同前註，李筱峯，前引書，頁 117。

大會代表。[37]

　　劉傳來係嘉義選出之國大代表，台北醫學專門學校畢業後，在民國 12 年赴澎湖醫院當眼科主任。[38]14 年 9 月，進入日本醫學專門學校，畢業後得醫學博士學位，返台後在嘉義市開設振山眼科醫院，對於眼科深有研究，擅長眼科手術。34 年 10 月，台灣光復後，除從事醫療業務外，亦積極參與政治，至於其在政治上的表現與成就，前已述及，在此不再贅述。

　　楊金虎則畢業於台北醫學專門學校和日本醫科大學後，回到台灣自行開設仁和醫院，其後結識熱衷社會運動的楊振福，在其引介下，加入林獻堂、蔣渭水所領導的台灣民眾黨，並擔任該黨高雄支部常務委員及政治委員會委員。24 年參加首屆民選市會議員競選，以第二高票當選，4 年後並獲連任。戰後，任三民主義青年團幹事。36 年「二二八」事件中曾遭到逮捕，並被判罪，罪名是公共危險罪，並非選罷法上所論述之內亂罪及外患罪，最後在停止競選活動前一小時，始獲得由京轉來准予參選的命令，最後終於在選民熱烈支持下獲得當選。[39]

　　前曾述及，此次當選之行憲國大代表，有 14 人曾赴島外留學，但就屬劉傳來和楊金虎兩人習醫，這可以看出日據時

---

37 同註 31，第 10 輯（台北縣：國史館編印，民國 83 年 2 月出版），頁 120。
38 徐有春主編：《民國人物大辭典》，頁 1447。
39 楊金虎：《七十回憶》，頁 100、101。

期之後期，由於時代及環境之轉變，留學生以學習法政或政
經類者爲多。

七、教育界

在此次所當選的 27 位代表當中，曾在教育界服務過（包
括學校董監事），且擔任過教職的有 8 位。

在此 8 人當中，屬師範學校科班出身的僅有陳振宗、張
吉甫、謝文程 3 人，陳振宗和張吉甫畢業於日據時代總督府
辦的國語學校師範部，這是爲培養師資而設的養成機構。尤
其是師範部乙科，專收本省人，入學資格以公學校畢業或具
有公學校同等學歷者，修業年限則爲 3 年。民國 8 年 4 月，
日本總督府復將國語學校改設爲台北師範學校，[40]謝文程即
畢業於此學校。所以此 3 人乃正宗師範學校畢業的代表，他
們 3 人僅任教於國民小學。而劉傳來出身醫生，當過嘉義農
業職業學校校長，是唯一當過校長的代表。林忠則任教於中
央警官學校；林朝權曾任教於台南長榮中學及台灣大學，可
說是在中學和大學均任教過的代表。

鄭玉麗在《台灣時人誌》一書中記載其畢業於台北第三
高女及日本早稻田大學校外經濟科，曾當過教員，任教於新
莊國民學校。而林珠如，雖非教師人員，但因擔任萊園中學
常務董事，亦算得是在教育界服務，故將其視爲教育界同仁，
而將其列入之。

---

40 同註 5，汪知亭，前引書，頁 99、101。

　　由以上之分析可以得知，在大學任教的只有林忠、林朝權 2 人，在中學任教或服務過的有林朝權、劉傳來、林珠如 3 人，在小學任教過的有陳振宗、　張吉甫、謝文程及鄭玉麗 4 人。是以在中小學這一階層的有 7 人，人數最多，所佔的比例也最大。這也顯示，出身師範教育的中小學教師，在光復初期最容易當上民意代表，尤其是在民國 40 年到 43 年當選的比例最高，一方面是由於國民黨威權體系在台灣重建之初，基礎尚不穩定之時，最需要依賴中小學教師這一階層。41

八、議　員

　　在此次所當選的 27 位行憲國大代表中，出身議員的有 14 位之多，在所有經歷中，議員一職可說是代表們任職此項工作人數做多的一項職業。所佔的比例高達 51.48%。此處所謂的議員泛指曾任日據時代的街庄協議會會員、州市會會員以及戰後初期各縣市參議員、省參議員或國民參政會參政員等均屬之。有些代表在日據時代即擔任街、庄、州、廳協議會員，如余登發、劉振聲、陳振宗、呂世明、洪火煉、謝文程、洪元煌等都是，因此在地方上具有良好的人際關係，自然有利於日後的競選民意代表。這些戰前或戰後當選過議員的代表，都具有豐富的議事經驗，這對參與行憲工作自然有很大的幫助。

---

41 陳明通：《威權政體下台灣地方政治菁英的流動（1945-1986）》（國立台灣大學政治學研究所博士論文，民國 79 年 12 月），頁 273。

九、軍　職

　　在此次所選出的代表中，曾任職軍中，且具有軍職的有
4 人。然 4 人中，只有連震東 1 人非軍校科班出身，其他 3
人如王民寧和蘇紹文均係日本士官學校畢業。而李清波亦畢
業於中央陸軍軍官學校。連震東雖非軍校科班出身，但於抗
戰期間，擔任中央戰時工作幹部訓練團少將高級教官及軍事
委員會國際問題研究所少將組長，由於在抗戰期間，實際擔
任軍事要職，並參與軍事任務，且由政府授以軍階，因此仍
算是軍中的一分子。

　　至於王民寧前已述及過，在此不再多述，唯一須特別強
調的是王民寧於抗戰期間親自參與「一二八」淞滬戰役及駐
防湖南時，親歷一、二、三次長沙大會戰。待抗戰勝利，台
灣光復，復奉命來台參與接收與遣俘工作，並恢復地方秩序，
不辱使命。[42]而蘇紹文亦於日本士官學校及陸軍砲兵學校畢
業後，於民國 22 年即返國任職，33 年 6 月調任陸軍特種兵
聯合分校砲兵科少將科長。國民政府接收台灣後，調任台灣
省警備總部處長。「二二八」事件發生，負責維護桃園、新
竹、苗栗等 3 縣之治安，確保庫存大量武器彈藥，貢獻良多。
[43]

　　由以上之論述，可以得知，此 4 人均是本省籍人士，很
早即投身軍旅，追隨國民政府，若再加上制憲時期具有軍人

---

42 楊舜主編：《中國台灣名人傳》，頁 11。
43 許雪姬總策畫：《台灣歷史辭典》，頁 1348。

身份的黃國書、李萬居、吳國信等 3 人，共有 7 人投身軍旅，
參加抗戰的行列，這 7 人於抗戰勝利後，都奉命回台灣參加
接收的工作，都可說是所謂的「半山」分子。[44]他們都獲得
國府的信任，也獲得國府刻意的提拔，在政壇上都有很好的
發展，所以李筱峯在其書中提到：「在那個動亂的時代裡，
軍事的重要性極高，因此經由軍事一途，便容易在政壇上崛
起。投效國民政府的台籍人士，亦因之而有多人投身於軍旅
生涯。而這些出身軍旅及其相關經歷的半山分子，也自然躍
居中央民意代表的地位，他們在戰後初期的台灣政壇上，自
然形成一股優越的勢力」。[45]

　　至於李清波，因限於資料之不足，無法得知其在軍中之
特殊表現，僅就現有資料得知其曾任陸軍中少校連營長，上
校參謀主任。在台灣期間，從事黨團工作，擔任三民主義青
年團基隆分團主任。

十、黨務工作

　　此處所談的黨務工作係指代表於當選前在其所加入的黨
團單位工作，或其所從事的職務與黨團有關係的均屬之。此
次所當選的國大代表，共有 8 位曾從事過黨團工作，他們是

---

44 所謂半山分子係指對於曾經居留大陸一段時日再返台的台人。除此之
　涵意外，有時亦意味曾赴大陸投效國民政府的台籍人士。見李筱峯，
　前引書，頁 148。陳明通在其論著中亦論及，「半山」指的是半個唐
　山人，也就是日據時代回到大陸唐山，替國民政府作事，光復後回台
　灣的本省人。
45 同註 11，李筱峯，前引書，頁 152。

國民黨的林忠、謝掙強、李清波、張吉甫、鄭玉麗等 5 人；
另有曾在台灣民眾黨任職的楊金虎、洪元煌、陳天順等 3 人，
此可在表 3 和表 4 當選人名單中之經歷欄內可以看出。

　　林忠、謝掙強、李清波等 3 人曾赴中國大陸追隨國民政
府，參加抗日活動。如林忠，曾任中央宣傳部特派員、專員、
中央設計局專員，並任中央警官學校講師；謝掙強在大陸擔
任台灣義勇隊駐渝辦事處主任；李清波，在大陸時投身軍旅，
返台後才從事黨團工作。因此都具有「半山」分子的色彩。
抗戰勝利後，他們均奉命返台，參與國府的接收工作，由於
表現優異，爲層峰所賞識，對其後來在政壇上之發展自然有
很大的幫助。

　　至於張吉甫和鄭玉麗兩人，雖未赴中國大陸，但在抗戰
勝利，台灣光復後，亦積極從事黨團工作。鄭玉麗在本省各
級民意機構建立之時，膺選爲台北市大同區區民代表，並任
中國國民黨台北市婦女運動委員會委員，平日熱心婦運工
作，對婦女工作的推展，積極參與。[46] 而張吉甫，於戰後曾
擔任台灣省黨部執行委員。

　　楊金虎、洪元煌、陳天順等 3 人，前已述及，在日據時
期即參加台灣民眾黨，在民眾黨內亦擔任重要職務。如楊金
虎曾擔任該黨中央執行委員。洪元煌在民國 9 年 10 月出任草
屯庄協議會員，不久即辭其職務，從事民族運動，參加台灣
文化協會，週遊全島舉行講演會。10 年爲台灣議會設置請願

---

46 章子惠編：《台灣時人誌》，第 1 集，頁 223。

運動募集簽署人。台灣民眾黨成立，任常務委員及社會部主任，20 年台灣地方自治聯盟成立後被推選為常務理事。戰後任草屯鎮鎮長，台中縣參議員，並被選為台中縣農會理事長，以及當選此次國大代表。[47]

　　陳天順於中學畢業後，赴日研究日本之社會經濟問題，學成後回台灣，前後參加文化協會和民眾黨，暗中從事抗日活動，深獲農工群眾之支持。之後投身工廠做工，藉此向工人灌輸國家觀念與民族意識。曾因鼓動工人反抗日本殖民政策，被捕入獄數次。出獄後，愛國意識益形堅強，公開演講抗日，更得群眾信仰。此後農工抗日運動日漸擴大，如著名之安平港鹽廠、高雄水泥廠以及宜蘭土地之爭議等事件，皆為其所策動，對日本殖民政府打擊甚大。此外，於日據時期，被全省勞工選為台灣工友總聯盟主席，對於勞工福利極力爭取，功不可沒。[48]

　　由以上之論述，可以得知，在日據時期，不論是國民黨或台灣民眾黨，這些菁英分子，在日據時期無不致力於抗日活動，尤其是台灣民眾黨的 3 位代表，自文化協會的成立至台灣工友總聯盟的成立，期間對民族意識的發揚和百姓權益的維護、福利的爭取，可謂極盡用心，因此受人愛戴和支持，而獲當選為代表。

---

47 台灣新民報社調查部編：《台灣人士鑑》，頁 67。
48 民族文化出版社編輯委員會編輯：《自由中國名人實錄》，頁 134。

第五節　黨　派

　　此次行憲國民大會代表之選舉，雖然選舉總所最後決定各黨派不推舉代表參選，亦即開放給選民自由參選。因此，台灣選民可說是在沒有任何黨團的壓力和限制下自由參選的。據 9 月 18 日中華日報的記載，截至當天爲止，登記參選區域代表的國民黨籍候選人有 40 名（內台南縣婦女 1 名，尚欠台中縣 1 名），職業團體的有 14 名（內婦女團體 2 名，包括全國性 1 名，本省 1 名）。[49]

　　青年黨早在選舉總所決定政黨不得推薦候選人之前，即已準備提名陳棟（台中市）、呂永凱（台北市）、林盧中（屏東縣）等人；民社黨準備提名台中市的謝漢儒和台北市的謝維德參選。[50]此外，青年黨原想提名一叫陳清博者參選。他是台中縣大甲人，北京大學畢業，曾在內地 20 餘年之久，3 月間始返台，大家對他的參選，寄予厚望，但最後是否登記參選，則不得而知。[51]此外，尚有楊金虎、洪元煌、陳天順等 3 人，屬台灣民眾黨的候選人。

---

49 〈本省國民黨黨員，登記競選 81 名〉，《中華日報》，台北，民國 36 年 9 月 18 日，第 3 版。

50 〈魏主席定今晚廣播，闡明首次大選意義〉，《中華日報》，台北，民國 36 年 11 月 20 日，第 3 版。

51 〈隨報分送宣傳品，免費觀劇聽政見〉，《公論報》，台北，民國 36 年 11 月 17 日，第 3 版。

　　是以此次參與競選的候選人，其所涵蓋的黨派有國民黨、青年黨、民社黨以及日據時期的台灣民眾黨和無黨無派的人士，可謂人才濟濟。

　　但開票結果，由表 3、表 4 所列的名冊中可以看出，國民黨獲得大勝，27 位代表名額中，當選了 16 位，佔所有當選人名額的 59.25%。可見在威權時代，國民黨在地方上的勢力還是不容忽視的。台灣民眾黨的 3 位候選人也都順利當選，青年黨和民社黨則無人當選。

　　此外，在競選投票前，即有許多不當的傳聞，謂政府為顧及友黨當選的席位不能太過低下，準備採取以黨讓黨的辦法，將國民黨中部份當選人的席位讓與友黨。為此，引起廣大選民極大的不滿而聯名抗議，認為此種行為無異於分贓主義，當時台灣省議會議長黃朝琴率全體參議員致電蔣主席，表示抗議。其電文如下：「國民政府蔣主席鈞鑒：報載允為各黨派保證當選名額，消息傳來，群情驟異，查國父全民政治之真諦，係實行普選，選民有選舉之自由權，若保證各黨派當選名額，是無異於分贓主義，勢必強姦民意，流弊所至，民主精神斲喪無餘。又查台灣收復未久，國民黨尚且不敢提名，純採自由競選辦法，如中央果允各黨派保證當選名額，則選政前途，必陷萬劫不復之惡果，朝琴等有見於此，難安緘默，合亟電請察核，慎重考慮，為民國奠全民政治之宏基，示世界真正民主之軌範，臨電迫切，不勝翹企待命之至。台

灣省參議會議長黃朝琴暨全體參議員同叩陷印」。[52]

所幸，政府從善如流，並未在台灣省執行此一不合理的分贓政策，讓當選人順利就職，並赴南京參加行憲大會。但大陸內地則沒有如此幸運，也因此引發大規模的抬棺、絕食等抗議的行動，[53]不但讓選民對政府當局至表不滿，更直接影響政局的穩定，殊不值得。

---

52 〈關於選舉問題—省參會電中央〉，《自立晚報》，台北，民國 36 年 11 月 8 日，第 4 版。〈如保證各黨派當選名額，無異分贓主義，省參議會電請國府考慮〉，《中華日報》，台北，民國 36 年 11 月 8 日，第 3 版。
53 張朋園：〈國民黨控制下的國會選舉（1947-1948）〉，頁 175。

第六章　結　論

　　台灣省行憲國民大會代表之選舉，自 8 月 11 日成立省選舉事務所，至 11 月 23 日完成投票工作，12 月 3 日公告當選名單，4 日呈報當選代表名冊及履歷止，前後歷時 4 月有餘。在此選舉期間，除了候選人彼此之間有激烈的競爭外，選務人員也克盡職守，認真負責的辦理選務工作，最後終於順利的選出 27 位代表。

　　雖然選舉任務圓滿達成，但就整個選舉過程而言，有許多地方值得肯定，但也有許多地方是值得檢討和改進的。

　　首先就選舉方式而言，這次的大選，是自民國創建以來，首次採用普選的方式進行的，讓所有選民在無學歷、財產、性別等的限制下，只要符合選舉人、候選人之規定者均可自由參加競選或投票。較之民國初年第一、二屆國會議員之選舉或台灣省光復以來所舉辦過的多次選舉，只能採間接選舉的方式要進步得多了，這在中國選舉史上是一大突破，也為往後推動全民政治奠定良好的基礎。

　　其次是政府在此次選舉中，決定對台灣省各政黨採自由開放政策，凡有意參選者，可不經政黨的提名，而自由參選，此舉無疑對有意參選的候選人開了方便之門，而不必受所屬

政黨的任何約束和限制，是以這次參與競選的人數眾多，其中不乏才智之士，這對台灣民主政治的發展，當然有所助益。

此外，在此次選舉中，值得一提的是，內陸各省及台灣省之婦女當選名額均較以往顯著增加，此足以看出政府對婦女權益的重視。其他如降低候選人之年齡，讓更多的年輕人有機會參與競選，這些都是值得肯定的。

大體言之，這次的普選，是成功的，是受人肯定的，且真讓人民有當家自主的感覺。然而在這次的選舉中，部分候選人為了贏取勝選，不惜花費巨額的競選經費，殊為不智。如台北市當選人黃及時，此次參與競選，所花費的競選經費竟高達千萬元以上。在人力方面，單發給全市民眾，請求支持的信件共有 30 萬封，且大多數都是親自登門拜訪。另在投票的 3 日中，發出之名片共有一百多萬張，差不多每 1 位選民都會拿到 3、4 張名片，[1]可知其花費的經費有多少。相對的，台北市另 1 位候選人鄭邦卿，自稱是赤貧的候選人，因無資金奧援，結果他真的落選了。[2]但也有例外情形，如新竹市當選代表蘇紹文，在此次選舉中，並無花錢去競選，結果仍獲當選。由此可以證明，「民意所歸，不是金錢所能動搖的」。[3]當地有位耆老也曾說過：「有錢的人，平常能為地方

---

1 〈本省區域國大代表當選人將陸續公佈〉，《中華日報》，台北，民國 36 年 11 月 26 日，第 3 版。

2 〈社論 ── 大選後的矚望〉，《中華日報》，台北，民國 36 年 12 月 3 日，第 1 版。

3 〈真正民意選出代表，本省選政進行順利〉，《中華日報》，台北，民國 36 年 11 月 29 日，第 3 版。

多做幾件好事，到選舉的時候，不要活動，自然有人選他」。[4]這就是最好的說明，所以也有人說「臨選拜託，不如選前修行」，[5]都是同樣的道理。

至於投票情形，除基隆市投票率略低外，其他各縣市投票率均在五成以上。新竹縣和台南縣甚至高達八成以上。相對的，棄權和廢票的比率也很高。雖然在選前選務單位和省縣市各級長官一再呼籲選民要踴躍投票，善用自己神聖的 1 票，選出最理想的人選，但仍有許多選民無視選票的重要性，放棄投票。總而言之，這次的選舉，投票率仍較內陸許多省市為佳，[6]這是不爭的事實。

再者，在此次選舉中，最為人詬病的是選務單位規定選民必須在選票上書寫候選人之姓名才可投票，而非採用圈選方式。如此做法對未受過教育的選民而言非常不便，雖然選務單位在各投票所設有代書，代為書寫，但卻衍生出許多無謂的紛爭。[7]更何況此種做法，也違背憲法中秘密選舉的神聖

---

4 〈競選拾掇〉，《中華日報》，台北，民國 36 年 9 月 18 日，第 3 版。

5 〈小民 ── 寫在選後〉，《中華日報》，台北，民國 36 年 12 月 2 日，第 4 版。

6 張朋園：〈國民黨控制下的國會選舉(1947-1948)〉，頁 160-164。如上海市三天投票下來，棄權者高達 52%。天津市，七十餘萬選民，投票者僅得六萬八千餘，其中廢票高達三千三百餘張。

7 有些代書人，由於私德不佳，不能秉公替人繕寫，往往利用選民之不識字，故意寫錯姓名或寫成自己心目中候選人的姓名，而非投票人所希望寫的姓名，致使選民的權益受損，雙方因而發生糾紛，據悉已查獲兩投票所有此情形。見〈代書人，間有作弊〉，《中華日報》，台北，民國 36 年 11 月 23 日，第 3 版。

原則。且請人代書，易使「選民的意志公開，往往爲顧及旁人的監視，不得不違背心願，屈從有勢力的監視者，使得選舉無法達到公平的地步」。[8]由於遭到多人的非議，選務單位乃從善如流，於隔年舉辦立法委員選舉時，改採圈選方式，時至今日，台灣所舉辦的選舉投票，均採用圈選的方式。

　　雖然這次的選舉圓滿完成，但令人感到遺憾的是仍有舞弊事件的發生。且當選舉結束後，未見有選務單位對此違規事件做出任何處置，更令人難以接受的是這兩位當事者竟都順利當選了。因此許多選民認爲選務單位應對此事件「慎重地調查和究辦」，並認爲「如果舞弊可以寬容，則此次選舉有何意義，有何價值，所以爲了台灣的名譽，爲了台灣婦女的幸福，更爲了民主政治的推行，我們台灣同胞絕不可忽視此事」。[9]但最後仍得不到任何答案，結果是非常令人失望的。

　　至於在黨派競爭方面，因限於資料之不足，無法看出有任何政黨操控選舉之事實。在當時國民黨係執政黨，且是國內第一大黨，在競選時自然較具優勢，因此當選代表之人數也較其他黨派爲多，這是可以理解的。然，無論如何，「實施憲政，還政於民」，可說是中山先生領導國民革命努力的目標。在當時，中華民國憲法已制定完成，行憲國民大會代表也已產生，並於民國 37 年選出第一任總統副總統，以及立

---

8 〈王樹學 —— 論國民大會代表之選舉(下)〉，《中央日報》，南京，民國 36 年 5 月 21 日，第 7 版。

9 〈婦女選舉糾紛，應該慎重查究〉，《公論報》，台北，民國 36 年 11 月 25 日，第 3 版。

法委員、監察委員，實際上已是一個名符其實的民主憲政國家。然要真正成爲一民主憲政的國家，除了需有一部完善的憲法外，還得要有相當水準的選民配合才是，因此振興教育，培養法治觀念，提高人民民主素養，可說是當政者不可忽視的職責。

參考書目

一、中文資料

（一）檔 案

1.國史館典藏（依檔案卷號數字先後順序排列之）

① 〈台灣省選民調查案〉，《內政部檔案》，國史館藏，目錄號：127，案卷號：544。

② 〈台灣省政黨提名案〉，《內政部檔案》，國史館藏，目錄號：127，案卷號：545。

③ 〈台灣省選舉結果案〉，《內政部檔案》，國史館藏，目錄號：127，案卷號：546。

④ 〈台灣省選務疑義案〉，《內政部檔案》，國史館藏，目錄號：127，案卷號：869。

⑤ 〈國民大會代表立法委員選舉總事務所選舉實錄案〉，《內政部檔案》，國史館藏，目錄號：127，案卷號：933-1。

⑥ 〈公民宣誓登記規則案〉，《內政部檔案》，國史館藏，目錄號：127，案卷號：952。

⑦ 〈國民大會代表選舉事務案〉，《國民政府檔案》，國史

館藏，檔號：0111.40/6077.01～14。

⑧〈國民大會代表選舉事務案〉，《國民政府檔案》，國史館藏，檔號：0111.41/6077.01～17。

⑨〈國民大會代表選舉事務案〉，《國民政府檔案》，國史館藏，檔號：0111.41/6077.6。

⑩〈國民大會代表選舉事務案〉，《國民政府檔案》，國史館藏，檔號：0111.41/6077.7。

⑪〈國民大會代表選舉事務案〉，《國民政府檔案》，國史館藏，檔號：0111.41/6077.8。

⑫〈國民大會代表選舉事務案〉，《國民政府檔案》，國史館藏，檔號：0111.42/6077.9$_2$。

⑬〈國民大會代表選舉事務案〉，《國民政府檔案》，國史館藏，檔號：0111.42/6077.13$_{4\sim7}$。

2.中央研究院近代史研究所（以下簡稱中研院近史所）典藏

①〈競選雜件〉，《朱家驊檔案》，中研院近史所藏，館藏號：301-01-13-010。

②〈國代選舉：台灣省〉，《朱家驊檔案》，中研院近史所藏，館藏號：301-01-13-039。

③〈國代選舉：全國教育會〉，《朱家驊檔案》，中研院近史所藏，館藏號：301-01-13-046、047。

④〈國代選舉：全國婦女會〉，《朱家驊檔案》，中研院近史所藏，館藏號：301-01-13-048。

⑤〈國代選舉：律師、會計師、醫師醫藥公會、工業公路、新聞記者、農業界、光復會〉，《朱家驊檔案》，中研院近史所藏，館藏號：301-01-13-049。

3.中國國民黨文傳會黨史館典藏

《國民大會職業暨婦女團體代表名額詳細分配辦法及產生方法一覽表》，中國國民黨文傳會黨史館藏，檔號：579/3。

4.南京中國第二歷史檔案館典藏

①〈各省市選舉國大代表的選民數及投票數調查表〉（1948年），南京中國第二歷史檔案館藏，全宗號：451，案卷號：127。

②〈國大代表報到及選舉糾紛等事項的文書〉（1948年9月），南京中國第二歷史檔案館藏，全宗號：451，案卷號：537。

③〈偽國民大會遴選代表資格審查委員會任務終了報告工作經過及辦理結束情形〉（1947年2月23日），南京中國第二歷史檔案館典藏，全宗號：451（2），案卷號：9。

④〈有關選舉事項〉（1947年12月），南京中國第二歷史檔案館典藏，全宗號：451（2），案卷號：37。

⑤〈國民大會秘書處關於重慶市潮安縣參加競選國民大會候選人的提名對台灣當選代表楊金虎歷史情況的報告使用支款證事項〉（1947年9月13日～12月8日），南京中國第二歷史檔案館典藏，全宗號：451（4），案卷號：17。

（二）史料彙編

①《中國國民黨第六屆中央執行委員會常務委員會議紀錄彙編》（台北市：中央委員會秘書處編印，民國 43 年 4 月出版）。

②台灣省政府民政廳編：《台灣民政》，第 2 輯（台灣省：台灣省政府民政廳，民國 37 年 7 月出版）。

③秦孝儀主編：《實施憲政》（台北市：中央黨史委員會，民國 66 年 12 月 25 日出版）。

④徐有春主編：《民國人物大辭典》（河北人民出版社出版，1991 年 5 月第 1 次印刷）。

⑤國民大會秘書處編：《第一屆國民大會實錄》（台北市：國民大會秘書處，民國 50 年 10 月）。

⑥國民大會秘書處編：《剪報資料國民大會部分選輯》（台北市：國民大會秘書處，民國 79 年 3 月）。

⑦國史館編：《國史館現藏民國人物傳記史料彙編》，第 10 輯（台北縣：國史館編印，民國 83 年 2 月出版）。

⑧國史館編：《國史館現藏民國人物傳記史料彙編》，第 16 輯（台北縣：國史館編印，民國 87 年 2 月初版）。

⑨許雪姬總策畫：《台灣歷史辭典》（台北市：行政院文化建設委員會發行，2004 年 5 月 18 日，第 1 版第 1 刷）。

⑩《選務週刊》，第 1 期～第 31 期（南京市：國民大會代表立法院立法委員選舉總事務所編，民國 36 年 9 月 8 日～民國 37 年 4 月 5 日）。

（三）公報、報紙、期刊、雜誌

①《中央日報》，重慶版，民國 36 年 1 月～37 年 6 月。

②《中華日報》，台北版，民國 36 年 8 月～12 月。

③《公論報》，台北版，民國 36 年 9 月～12 月。

④《台灣新生報》，台北版，民國 36 年 8 月～12 月。

⑤《台灣省政府公報》，民國 36 年 1 月 1 日～民國 36 年 12 月 31 日（台中縣：台灣省政府秘書處編輯發行）。

⑥《近代中國》雙月刊，第 123 期（台北市:近代中國雜誌社，民國 87 年 2 月 25 日出版。

⑦《自立晚報》，台北版，民國 36 年 10 月～12 月。

⑧國民政府文官處編：《國民政府公報》民國 36 年 1 月至 37 年 6 月（台北市:成文出版社有限公司發行，民國 61 年 9 月臺 1 版）。

⑨《新萬象》，第 68 期（台北市：吾興圖書公司，民國 70 年 10 月 31 日出版）。

（四）專　書

①卜幼夫：《台灣風雲人物》（香港：新聞天地社，民國 51 年 7 月初版）。

②中央選舉委員會編：《選務研究發展專輯》，第 2 輯（台北市：中央選舉委員會，民國 77 年 6 月出版）。

③內政部，中央選舉委員會編：《中華民國選舉統計提要（35 年～76 年）》（台北市：中央選舉委員會編印，民國 77

年 6 月）。

④《台灣省民意機關之建立》（台北市：台灣省行政長官公署民政處編印，民國 35 年 11 月）。

⑤台灣新民報社調查部編：《台灣人事鑑》（台北市：台灣新民報日刊一周年紀念出版，昭和 9 年 3 月 25 日發行）。

⑥司馬既明：《蔣介石國大現刑記》，（上、下冊）（台北市：李敖出版社，1995 年 7 月 30 日初版）。

⑦平心：《中國民主憲政運動史》（台北市：古楓出版社，1986 年出版）。

⑧民族文化出版社編輯委員會編輯：《自由中國名人實錄》（台北市：民族文化出版社，民國 42 年 4 月初版）。

⑨田桂林：《國民大會制度之研究》（台北市：黎明文化事業股份有限公司，民國 73 年 2 月出版）。

⑩吳三連口述，吳豐山撰記：《吳三連回憶錄》（台北市：自立晚報社文化出版部，民國 80 年 12 月，第 1 版 1 刷）。

⑪吳文星：《日據時期台灣社會領導階層之研究》（台北市：正中書局發行印刷，民國 81 年 3 月，臺出版）。

⑫吳文星：《日據時期台灣師範教育之研究》（台北市：國立台灣師範大學歷史研究所專刊(8)，民國 72 年 1 月初版）。

⑬吳相湘：《民國百人傳》（台北市；傳記文學社出版，民國 60 年元旦）。

⑭李筱峰：《臺灣戰後初期的民意代表》（台北市：自立晚報社文化出版部，民國 76 年 6 月，3 版）。

⑮汪知亭：《台灣教育史料新編》（台北市：台灣商務印書

館股份有限公司發行，民國 67 年 4 月初版）。

⑯東南文化出版社編輯委員會編輯：《南台灣人物誌》（台中市：東南文化出版社，民國 45 年 12 月 20 日出版）。

⑰金體乾：《國民大會之理論與實際》（正友法學書局，民國 35 年 4 月出版）。

⑱胡春惠編：《民國憲政運動》（台北市：正中書局，民國 67 年 11 月台初版）。

⑲郎裕憲、陳文俊合著：《中華民國選舉史》（台北市：中央選舉委員會編，民國 76 年 6 月出版）。

⑳秦孝儀主編：《中華民國名人傳》，第 6 冊（台北市:近代中國出版社，民國 75 年 6 月 30 初版）。

㉑荊知仁：《中國立憲史》（台北市：聯經出版事業公司，民國 74 年 12 月，第 2 次印行）。

㉒袁頌西等編：《中華民國選舉罷免制度》（台北市：中央選舉委員會，民國 74 年 6 月出版）。

㉓張朋園著：《中國民主政治的困境，1909～1949-晚清以來歷屆議會選舉述論》（台北市：聯經出版事業股份有限公司，民國 96 年）。

㉔張炎憲等採訪記錄：《基隆雨港 228》（台北市：自立晚報社文化出版部出版，1994 年 2 月第 1 版 1 刷）。

㉕張炎憲等採訪記錄：《嘉義北回 228》（台北市：自立晚報社文化出版部出版，1994 年 2 月第 1 版 1 刷）。

㉖章子惠編：《台灣時人誌》，第 1 集（國光出版社，民國 36 年 3 月出版）。

㉗連震東：《震東八十自述》（台北市：台灣中華書局，民
　國 72 年 4 月出版）。

㉘游鑑明：《日據時期台灣的女子教育》（台北市：國立台
　灣師範大學歷史研究所專刊(20)，民國 77 年 12 月初版）。

㉙楊金虎：《七十回憶》（台北市：龍文出版社股份有限公
　司，民國 79 年 5 月 1 日初版）。

㉚楊舜主編：《中國台灣名人傳》（台北市：中華史記編譯
　委員會編纂，民國 50 年 6 月 21 日再版）。

㉛應大偉：《台灣女人》（田野影像出版社，1996 年 7 月初
　版）。

（五）專　文

1.碩、博士論文

①李南海：〈安福國會之研究 —— 民國七年～民國九年〉（台
　中市：私立東海大學歷史研究所碩士論文，民國 70 年 6
　月）。

②張乾圖：〈權能區分與國民大會〉（台北市：政治作戰學
　校政治研究所三民主義組，碩士論文，民國 85 年 5 月）。

③許秀碧：〈民國二年的國會 —— 國會的背景分析〉，（台
　北市：國立政治大學政治研究所碩士論文，民國 66 年 7
　月）。

④陳明通：〈威權政體下台灣地方政治菁英的流動（1945～
　1986）〉（台北市：國立台灣大學政治學研究所博士論文，

民國 79 年 12 月）。

⑤陳惠苓：〈張君勱憲政思想之研究〉（台北市：國立台灣
　大學三民主義研究所碩士論文，民國 80 年 6 月）。

⑥賀家才：〈憲法中國民大會之研究〉（台北市：政治作戰
　學校政治研究所碩士論文，民國 69 年 7 月）。

2.一般期刊論文

①李南海：〈台灣省制憲國民大會代表之選舉〉，《中華民
　國史專題論文集》第 3 屆討論會（台北縣：國史館印行，
　民國 85 年 3 月初版）。

②胡春惠：〈介述我國戰前憲政醞釀之過程〉，《近代中國》，
　第 74 期（台北市：近代中國雜誌社，民國 78 年 12 月 31
　日出版）。

③孫子和：〈中華民國最近三年來之憲政改革〉，《中華民
　國史專題論文集第二屆討論會》（台北市：國史館，民國
　83 年元月初版），頁 821～880。

④孫子和：〈五權憲法與憲政〉，《中華民國建國八十年學
　術討論會》（台北市：近代中國出版社發行，民國 80 年
　12 月 25 日出版），頁 604～656。

⑤張朋園：〈國民黨控制下的國會選舉（1947～1948）〉，
　《中央研究院近代史究所集刊》，第 35 期（台北市：中央
　研究院近代史研究所發行，民國 90 年 6 月）。

⑥張朋園：〈從民初國會選舉看政治參與〉，中華文化復興
　運動推行委員會主編：《中國近代現代史論集》，第 19

編（台北市：台灣商務印書館發行，民國 75 年 6 月初版）。

二、外文資料

（一）日　文

中央大學人文科學研究所編：《中華民國の模索と苦境
（1928～1949）》（東京：中央大學出版部發行，2010 年 3
月 15 日，第 1 刷發行）

（二）英　文

1. Chang, Carsun, *The Third Force in China*, New York: Bookman Associates,1952.

2. Chinese Ministry of Information （ compiled ） ,China Handbook 1937-1945：*A Comprehensive Survery of Major Developments in China in Eight Years of War.*（ Revised And Enlarged with 1946 supplement),New York: The Macmillan Company,1947.

3. Congressional Quarterly Service, *China and Far East Policy,* 1945-1967, A Publication of Congressional Quarterly Service, 1967.

4. Dicey, *A. V. Introduction to the study of the Law of the Constitution,* London Macmillan J. Co. 10th ed. 1961.

5. Easton, D. *"An Approach to the Analysis of Political System"*World Polities Vol. 9 （April 1957）.

6. Friedrich, C. J. *Constitutional Government and Democracy,* New York: Ginn and Company, Inc., 1946.

7. Finer, *Herman Theory and Practice of Modern Government,* New York: Dial Press, 1934.

8. Horowitz, D. L. *Comparing Democratic Systems,* Journal of Democracy, Voll, 1990.

9. Li jphart, A. *Constitutional Choice for New Democracies,* Journal of Democracy, Vol2. No1, 1991.

10. Mattei Dogan, *"Political Ascent in a Class Society: French Deputies,* 1870-1958" in Marvick.

11. *"Public Opinion and Voting Behavior."*In Fried I. Greenstein and Nelson W. Polsby, eds. Handbook of Political Science. Reading, Mass.: Addison Wesley Vol. 4, 1975.

12. *United States Relations with China 1944-1949,* The Department of State Released, August 1949.